Chocolat belge

pralines, bâtons, desserts, biscuits...

L'auteur
Jacques Mercier
Producteur à la RTBF et créateur du célèbre *Jeu des dictionnaires*. Il a également publié de nombreux ouvrages, dont un beau livre consacré au chocolat aux éditions Glénat en 1989.

Avec la collaboration de **Martine Riboux**.

•

Les collaborateurs
Christine Kremer et Valérie Constant : assistantes d'édition.
Martine Riboux : relecture et index.
Élisabeth Gautier : correction.
Jean-Christophe Bousmar : maquette.

•

Remerciements
Femmes d'Aujourd'hui.
Institut national des statistiques.
Les producteurs belges de chocolat, de desserts, de biscuits chocolatés et de pralines.

ISBN 2-8046-0006-8

Jacques Mercier - Préface Pierre Wynants

Chocolat belge

pralines, bâtons, desserts, biscuits...

Avec des recettes et un guide des bonnes adresses

"Saveurs Gourmandes"
LA RENAISSANCE DU LIVRE

Sommaire

Sommaire

Le chocolat belge

À l'éveil de leur jeunesse, quand mes deux filles ont commencé à lire et à comprendre les choses, elles se sont demandé pourquoi les journaux parlaient de leurs parents et jamais d'elles. Quelque temps après, j'ai créé à l'occasion d'un déjeuner de presse un dessert aux chocolats blanc et noir, que j'ai appelé : "Gâteau aux chocolats Laurence et Véronique"... Et les journalistes ont donc inévitablement parlé d'elles aussi !

Entretemps Laurence, épaulée par Lionel, son mari cuisinier, seconde déjà ses parents au restaurant. Véronique, après avoir fréquenté l'école hôtelière de Lausanne, se destine à suivre des cours de gestion aux États-Unis. L'histoire s'est encore répétée récemment pour la naissance de la fille de Laurence, avec la création d'un nouveau dessert estival : "Effeuillée aux fruits rouges et chocolat

a du talent !

blanc pour Jessica". C'est un feuilletage très fin de chocolat blanc monté comme un château de cartes avec des fruits rouges.

Le chocolat a tenu une grande place durant mon enfance : les tartines au chocolat, les œufs de Pâques, le parfum des magasins de bonbons. Je vivais déjà au numéro 23 de la place Rouppe – j'ai vécu 40 ans au-dessus du restaurant ! – et je me rendais à l'école au coin de la rue du Poinçon et de la rue d'Accolay. Très tôt, je fus mêlé à la vie du restaurant que tenait mon père : à 3 ans, j'aidais ma grand-mère à la plonge... du moins, je faisais semblant ! Plus tard, mes parents qui travaillaient sans relâche m'ont mis en pension à l'Athénée royal de Soignies. À cette époque, je collectionnais les chromos des sportifs qu'on trouvait dans les emballages des bâtons de chocolat Jacques. J'étais déjà fan du Sporting Club d'Anderlecht : c'était le temps des Meert, Decoster, Vaillant, Decorte, Van Steen, Jeng et Hyppolite Vandenbosch, Valet, etc., et surtout de l'avant-centre Joseph Mermans !

Depuis toujours, je défends ce qui fait partie des grandes renommées de notre pays : nos artistes, puisque la décoration du "Comme chez soi" s'inspire de l'Art nouveau et de Victor Horta, autant que nos produits naturels, entre autres le chocolat que j'utilise pour mes préparations. Il est à 90 % le noir de Callebaut. Ma carte de desserts (un tiers des desserts contient du chocolat) comporte toujours quelques gâteaux ou glaces : Le "Trinitarios", la "Bûche au chocolat et aux griottines", la "Tour brésilienne" aux amandes et noisettes grillées et au caramel, une sorte de "Dame blanche en fantaisie des Caraïbes" composée de glace vanille turbinée au dernier moment, de caramel tissé fin, d'une sauce au chocolat et d'une mousse de banane disposée tout autour.

D'autre part, on trouve un soufflé chaud au chocolat, un cake moelleux et chaud au chocolat, une chaudrée de cerises et d'ananas à la crème de la Forêt-Noire (un genre d'irish coffee)...

Déguster du chocolat reste un énorme plaisir. Il m'arrive de savourer du chocolat de couverture (70 % pur) que je découpe en petits dés.

Quelquefois même, le week-end, j'emporte un peu de chocolat pour manger le soir. Je me réjouis quand, à l'autre bout du monde, je découvre du "belgian chocolate" et j'en suis fier. J'achète tout aussi régulièrement des pralines... À Bruxelles, on a l'embarras du choix : c'est "truffé" d'excellentes boutiques !

Au départ, la cuisine était pour moi un hobby, c'est devenu une passion et j'en ai fait mon métier. J'essaie de rendre aux convives un maximum de plaisir, et à mes cuisiniers, de communiquer et de léguer nos traditions...

Pierre Wynants

"Comme chez soi", 23, place Rouppe, 1000 Bruxelles. (Tél. : 02.512.29.21.)

Le restaurant existe depuis 1926. Marie-Thérèse et Pierre Wynants sont la troisième génération, Laurence et Lionel seront la quatrième. Tous les commentaires des guides gastronomiques sont dithyrambiques et leurs cotations maximales : (par ordre alphabétique) Le Bottin gourmand, Le Champerard, Delta, Gault et Millau, Henry Lemaire, Le Marché, Michelin... *Pierre Wynants est aussi l'auteur de* L'Équilibre gourmand *(Les Presses de la Renaissance) et de* Comme chez soi *(Robert Laffont), qui propose des recettes originales.*

Indienne préparant du cacao, Codex Tuleda, 1553. (Madrid, Museo de America.)

I. La grande aventure du chocolat

D'où vient le chocolat ?
Qui furent les premiers producteurs
de la fève de cacao ?
Et quelle était cette boisson des dieux
obtenue à partir des fruits du cacaoyer ?

Le chocolat arrive en Europe à la suite de
Christophe Colomb et devient progressivement
le produit culinaire et de plaisir que nous
connaissons aujourd'hui.

La découverte du chocolat

Avant la découverte de l'Amérique par les Espagnols, et comme d'autres denrées "exotiques", le chocolat était parfaitement inconnu en Europe. Fabriqué à partir des fèves du cacaoyer, il est né dans le monde précolombien.

Les conquistadors

Nous sommes en 1502. Christophe Colomb accomplit sa dernière expédition, la quatrième : Cadix, La Martinique et enfin Guanaja, près de la frontière du Honduras actuel. Le chef de l'île, la tête garnie de plumes multicolores (apanage des souverains, la coiffe de plumes se nommait poétiquement "l'ombre des seigneurs et des rois"), lui offre des fèves de cacao. Les indigènes en font grand cas et pour cause : il s'agit de la monnaie locale. Une citrouille vaut chez les Aztèques 4 fèves de cacao et l'esclave s'échange contre 100 fèves. Ils utilisent dans leurs calculs le système basé sur vingt – vicésimal. 400 fèves valent 1 zontle, 20 zontles valent 1 xiquipil, etc. Christophe Colomb ne s'intéressera pas à ces "amandes". Ce n'est que 17 ans plus tard, mais sur la côte mexicaine cette fois, que la vraie rencontre avec le chocolat aura lieu.

Donation de cacao et de fruits par les Indiens au XVIe siècle. (The Hulton Deutsch Collection.)

Nous sommes en 1519. Hernando Cortès débarque à la tête de 700 hommes, avec des chevaux et 14 canons. Tout de suite, dans son premier rapport adressé à Charles Quint, il mentionne le cacao : "Les indigènes tiennent les fèves de cacao en si grande valeur qu'elles sont traitées comme monnaie dans toute leur terre pour acheter le nécessaire sur les marchés." Cortès aurait préféré se voir offrir de l'or plutôt que des fèves de cacao ! Ce qui étonne l'empereur Moctezuma... Depuis toujours, chez les Mayas, le cacao est important : non seulement pour sa valeur marchande, mais aussi pour sa valeur religieuse. Gardé dans des vases, il fait partie des offrandes funéraires des hauts dignitaires. D'autre part, les cultivateurs de cacao portent une adoration particulière à un dieu au visage noir et au nez allongé : Ek Chuah. Or, Moctezuma accueille

Cortès comme un dieu : n'est-il pas écrit que le dieu serpent-oiseau Quetzalcoatl reviendra un jour ?... Et la légende précise qu'il avait dû, poursuivi par la jalousie du grand prêtre magicien Tezcatlipoca, s'enfuir sur un radeau le long de la côte de Tabasco vers le soleil levant, à l'endroit même où étaient apparues les caravelles espagnoles ! Très vite cependant, Cortès comprendra tout le parti "commercial" à tirer d'une plantation cacaoyère... pour obtenir de l'or !

La boisson des dieux

Lorsque les Mexicas (appelés aujourd'hui les Aztèques) envahissent vers 1300 la vallée actuelle de Mexico, ils créent un nouvel empire qui s'étend jusqu'à la frontière des Mayas. Ils légitiment leur descendance en faisant leur le mythe du dieu Quetzalcoatl. Et donc, ils accordent aussi une valeur symbolique en même temps que marchande au cacao. En maya, on disait "cacau", en nahuatl (langue aztèque) on dit "cacauatl". Et la boisson qui en est tirée, le "chacau haa", cacao moulu, devient le "chocoatl".

Les grandes dates du chocolat moderne

1728 : à Bristol, Fry est la première chocolaterie avec machine hydraulique.
1780 : à Bayonne, en France, on fabrique mécaniquement le chocolat.
1796 : à Bologne, Majani est la plus ancienne boutique de chocolat.
1819 : le Suisse Cailler fabrique le premier bâton de chocolat.
1828 : Van Houten invente le chocolat en poudre.
1879 : Lindt met au point le "conchage" et le chocolat fondant.
1901 : Suchard lance le "Milka", chocolat au lait.
1908 : le Suisse Tobler crée le "Toblerone".
1911 : Frank Mars donne son nom à sa barre de chocolat.
1912 : en Belgique, Neuhaus met au point le premier chocolat fourré : la "praline".
1913 : Séchaud propose le chocolat fourré.

Affiche publicitaire pour le chocolat Manœuvre Kwatta, années '20.
(Eupen, musée de la Chocolaterie Jacques.)

1830 : Kohler met au point le chocolat aux noisettes.
1831 : l'Anglais Cadbury produit son propre chocolat.
1832 : l'Autrichien Franz Sacher invente sa tarte au chocolat.
1846 : Fry et fils lance la première tablette de chocolat à croquer.
1870 : Fry lance la première "barre" de chocolat.
1875 : Peter, grâce à Nestlé, invente le chocolat au lait.
1915 : brevet du "ballotin" de pralines par Jean Neuhaus.
1921 : Kwatta lance la "barre" de 30 et 45 g.
1922 : G. Buitoni invente les "Baci" pour la firme Perugina.
1923 : invention du "Milky Way".
1925 : Callebaut propose le "chocolat de couverture" liquide.
1930 : Nuts, en Hollande, lance une barre aux noisettes et au malt.
1932 : arrivée du Mars en Europe.
1936 : Jacques lance le "bâton".

À quoi ressemblait cette boisson obtenue à partir des fèves de cacao ? Vers 1530, le chroniqueur Gonzalo Fernandez de Oviedo explique dans son ouvrage *Historia general y natural de las Indias* la manière de la préparer. Il faut 30 amandes pour un quart d'eau. On les grille et on les moud finement. On ajoute du "rocou" (un pigment rouge orangé) pour colorer le breuvage et, peut-être, lui donner l'apparence du sang humain. Il se consomme froid, tiède ou chaud. Habituellement, on y mélange des épices : vanille, graines de bombax, etc.

Cette boisson de cacao est réservée aux privilégiés. Moctezuma lui-même en est très friand. Il lui trouve plein de vertus – celle d'être aphrodisiaque par exemple – et il en boit pour "avoir accès aux femmes". Le cacao ne plaît guère aux conquérants espagnols jusqu'au jour où, le vin se faisant rare, ils en consomment pour ne pas boire que de l'eau pure. Le soldat (milanais, il est vrai) Girolamo Benzoni en dira : "Le chocoatl est propre à être jeté aux porcs."

Johan Ogilby, L'Empereur Moctezuma in America, *XVIIe siècle.*

La canne à sucre

La ville de Tenochtilán où vit Moctezuma est belle, grande et ordonnée. Elle est dominée par un grand temple, le teocalli, une pyramide de 114 degrés. Tout sera détruit par les Espagnols en 1521, soit deux ans après leur arrivée. Le pays se repeuplera alors d'Européens impatients de faire fortune. C'est la colonie, le Mexique, qui commence à se développer. Et, bien sûr, on s'occupe des plantations de cacaoyers. Pour qu'enfin le chocolat devienne une boisson agréable aux coloniaux, un autre élément doit entrer dans sa fabrication : le sucre. Or, les Espagnols ont planté la canne à sucre aux Canaries, à Saint-Domingue et au Mexique. Des religieuses installées à Oaxaca découvrent, au hasard de recherches culinaires, la recette qui rend cette boisson délicieuse : il suffit d'y ajouter du sucre, voire de l'anis ou de la cannelle. On pense généralement que le franciscain Juan de Zumárraga, évêque du Mexique, est le premier à avoir mélangé sucre et cacao.

Quoi qu'il en soit, dès lors tout s'enchaîne : s'ouvrent des "chocolaterias" où, à l'ombre et au frais, on écoute de la musique en dégustant le chocolat mousseux. On mêle les plaisirs. Du Mexique, le chocolat se répand dans l'Amérique espagnole : à Cuba, on prépare le "chocolate de regalo" (avec du maïs moulu) ; au Venezuela, on confectionne le "chocolate chorote" (avec du sucre brun)...

Le chocolat à la conquête de l'Europe

L'histoire est simple: les colons espagnols qui rentrent au pays ne peuvent quasiment plus se passer de leur chocolat. Non seulement ils en rapportent avec eux, mais ils en font commerce, en affrétant des bateaux. Ainsi naît la "Route du chocolat".

Le chocolat comme médicament

On situe la première arrivée de chocolat en Espagne en 1527. Quelque vingt années plus tard, la Route du chocolat est régulièrement empruntée par les navires marchands espagnols. Au début, on le consomme pour se mettre en forme, pour raffermir sa santé physique. Son origine exotique intrigue et inquiète : n'est-ce point une potion magique ? On cite Bernard Diaz del Castillo, un des compagnons de Cortès : "Lorsqu'on l'a bu, on peut voyager toute une journée sans fatigue et sans avoir besoin de nourriture." La vérité est que le chocolat est un excellent reconstituant. Lorsque le sucre rejoint le chocolat dans les années 1590, l'Espagne entière se prend de passion pour lui. Les dames de la noblesse en consomment jusque dans les églises. Cela permet de suivre les longs offices tout en soutenant leur estomac affaibli, disent-elles. Ce n'est pas l'avis des officiants que les incessantes intrusions de servantes portant les récipients de chocolat dérangent. Les dames iront finalement prier et boire ailleurs... Et pour rester dans le domaine religieux, voici qu'on pose au pape Clément VII cette question fondamentale: "Le chocolat, est-ce une boisson ou un aliment?" Autrement dit, rompt-il ou non le jeûne ? La réponse est évidente, mais ce n'est qu'en 1662 que le cardinal Francesco Maria Brancaccio affirmera : " Sous forme solide, oui; sous forme liquide, non."

L'Italien Antonio Carletti

Pendant longtemps, les milieux cléricaux et aristocratiques espagnols gardent pour eux cette délicieuse habitude de boire du chocolat. Ils ne révèlent à personne le secret de sa fabrication. Et, en effet, ils en ont le monopole jusqu'au XVIIe siècle.

C'est par son journal de voyage que l'Italien Antonio Carletti fait connaître la fabrication du chocolat à ses compatriotes. Peut-être l'a-t-il apprise directement aux Indes occidentales où il séjourna, ou en Espagne où il en consomma en 1606 ? Quoi qu'il en soit, le succès est foudroyant : des "ciocolatieri" s'installent un peu partout. Artisans habiles, ils proposent du chocolat accommodé de mille façons, refroidi par de la glace ou de la neige par exemple.

Maure portant un plateau avec une tasse de chocolat, Meissen, vers 1735-1740. (Liège, musée d'Archéologie et des Arts décoratifs.)

La ville de Pérouse (qui inspirera la célèbre marque "Perugina") est sans conteste le premier foyer d'expansion de la vogue italienne du chocolat. Néanmoins, les Vénitiens revendiquent pour leur ville la paternité des premières boutiques de chocolat. C'est de l'Italie que le chocolat remonte vers l'Allemagne...

En Allemagne, le chocolat du soir

L'histoire se répétera (en particulier avec la Belgique et la Suisse) : un savant de Nuremberg, Johan Georg Volckammer, boit du chocolat à Naples lors d'un voyage en 1641. Il s'enthousiasme et décide d'en emporter dans son pays. Même si les premiers Allemands qui le goûtent semblent avoir quelque réticence pour une boisson si éloignée de leurs bières traditionnelles, l'enthousiasme sera énorme. D'autant que cette fois, c'est sa qualité d'aphrodisiaque qui fait sa bonne réputation. Les bourgeois prennent l'habitude d'en boire une tasse avant de se mettre au lit. Or, cette réputation que l'on fait au chocolat date de la boisson aztèque largement poivrée et pimentée...

Cela n'empêche personne de continuer à lui prêter cette "qualité". Ainsi le théologien Franciscus Rauch écrit, en 1624, dans *Disputatio* que ce breuvage bu dans les couvents y enflamme les passions...

Giovanni Grevenbroch, Nobles prenant du chocolat chaud dans un établissement vénitien, *fin XVIIIe siècle. (Venise, Museo Correr.)*

Les Anglais le trouvent extravagant...

Le chocolat, dont l'arrivée sur les Îles britanniques est annoncée en 1657, est considéré par les Anglais comme une extravagance. Dans les colonnes du journal *The Public Advertiser*, on lit qu'à Bishopsgate on peut déguster une délicieuse boisson en provenance des Indes occidentales. Pendant quelques années, la consommation du chocolat est limitée à certains cercles restreints; ensuite, elle se développera rapidement. On le sert en 1674 au "Coffee Mill and Tobacco Roll" de Londres, sous la forme de gâteaux. Henry Sloane consacre une monographie au cacaoyer en 1725. Peu après, George Ier établit un impôt sur la vente et la consommation du chocolat. En 1728, à Bristol, Walter Churchman crée la première fabrique de chocolat avec machine hydraulique. On fonde le premier club d'amateurs en Angleterre en 1746 ! Il s'agit du "Cocoa Tree", où les dégustateurs de chocolat innovent : ils y remplacent l'eau par le lait et ajoutent des œufs et même du vin ou de l'alcool. (Remarquons que la langue anglaise est la seule à modifier la racine de "cacao" en "cocoa".)

Affiche pour le chocolat Rowntrees Elect Cocoa. (Eupen, musée de la Chocolaterie Jacques.)

Un cadeau royal de mariage en France

Bayonne est le berceau du chocolat en France. C'est dans cette région qu'il est introduit dès le XVIIe siècle par les juifs chassés d'Espagne. Sa vogue date, elle, d'octobre 1615, au mariage de Louis XIII et Anne d'Autriche, petite infante d'Espagne. On remarque dans sa suite une jolie femme surnommée "Molina", parce qu'elle est la préposée au moulinet qu'on tourne dans cette nouvelle boisson mousseuse, le cho- colat ! En 1659, David Chaillou est le premier chocolatier de France. L'année suivante, Louis XIV épouse Marie-Thérèse d'Autriche, infante d'Espagne. "Le roi et le chocolat sont les deux seules passions de Marie-Thérèse", dit-on. Un édit royal autorise en 1705 les limonadiers à vendre du chocolat et on crée même le titre de "chocolatier de la reine", pas très éloigné du "fournisseur de la cour", titre aujourd'hui encore très prisé en Belgique. En 1732, Dubuisson invente une table horizontale chauffée au charbon de bois pour travailler le chocolat. En 1778, Doret fabrique la première machine hydraulique à broyer les fèves.

Sur la Grand-Place de Bruxelles

Déjà à l'époque, la Grand-Place de Bruxelles ("La plus belle scène de théâtre du monde", a dit Jean Cocteau comme, avant lui, Charles Baudelaire ou Victor Hugo) était le lieu de promenade favori des touristes ou des personnalités de passage. Ainsi, en 1697, on y sert à Henri Escher, bourgmestre de Zurich, une tasse de chocolat dont la saveur

Olivier Strelli : le chocolat est un délice à partager...

Notre styliste le plus connu dans le monde, Olivier Strelli, est évidemment un grand voyageur. Peut-être est-ce pour cela qu'il habille officiellement nos hôtesses de l'air ? Né au Zaïre, il ne pouvait être insensible au parfum d'exotisme qui entoure l'histoire du chocolat. S'il avoue un faible pour le chocolat belge – cela va de soi ! – il se laisse tenter au fil de ses voyages par d'autres marques et d'autres spécialités... Après tout, comparer n'est pas interdit ! Bref, voici une petite anecdote bien morale ...
"L'autre jour, j'ai rapporté d'Italie (la patrie de l'élégance comme la Belgique l'est du chocolat) une boîte d'un kilo de "Baci" de Perugina. Ces délicieux chocolats aux amandes sont emballés individuellement dans un ravissant papier d'argent où figure un couple enlacé... Je les ai laissés chez moi bien à l'abri des regards indiscrets, avec l'envie de les savourer tout seul.
Mal m'en a prit ! Deux jours plus tard, lorsque j'ai voulu les goûter, la boîte était complètement vide ! Ma fille l'avait trouvée et vidée... Comme quoi le chocolat est un délice à partager en famille ou entre amis, et non pas un plaisir égoïste !"
Nous sommes sûrs qu'Olivier Strelli s'est alors précipité chez le pralinier de Bruxelles le plus proche !

enthousiasme le goûteur. Il importe le chocolat en Suisse, qui deviendra par la suite un des grands pays du chocolat grâce à des inventions comme le chocolat au lait ou le chocolat fourré.

Le pays du chocolat

Dès la mort de Charles le Téméraire en 1477, les Pays-Bas sont séparés de la Bourgogne et passent par héritage à la maison d'Espagne. La conquête du Nouveau Monde a donc des répercussions particulières dans les provinces aujourd'hui belges. Charles Quint abdique en 1555 en faveur de son fils Philippe II. Plus tard, ce seront la France, l'Autriche et les Pays-Bas jusqu'en 1831, date de l'indépendance du pays. Il paraît donc très normal qu'on trouve la première trace d'un achat de chocolat en guise de cadeau dans les archives de l'abbaye de Baudeloo, à Gand, en 1635. Depuis les débuts de son histoire en Belgique, le chocolat a donc eu cette vocation d'être un cadeau à offrir ou à s'offrir. C'est plus précisément l'invention belge de la praline qui répondra le mieux à ce désir.

Les grands artisans du chocolat actuel

• **XVIIIe siècle**

1770 : à Paris, fondation de la "Compagnie française des chocolats et thés Pelletier et Cie".
1792 : Josty monte une société de chocolat à Berne.

• **XIXe siècle**

1819 : François-Louis Caillier ouvre une première fabrique suisse à Corsier, près de Vevey.
1824 : John Cadbury ouvre sa boutique à Birmingham.

Les ateliers Senez-Strubelle en 1897. (Bruxelles, Archives de la Ville.)

1825 : Jean-Antoine Brutus Meunier s'installe à Noisiel, sur la Marne.
1826 : Philippe Suchard ouvre une chocolaterie à Neuchâtel, puis à Serrières en Suisse.
1830 : fondation d'une chocolaterie par le Suisse Charles-Amédée Kohler.
1845 : la chocolaterie Meurisse s'installe à Anvers.
1848 : Auguste Poulain fonde sa chocolaterie à Blois.
1848 : création à Tournai de la chocolaterie Delannoy.
1849 : installation à Tournai de la chocolaterie Joveneaux.
1857 : le Suisse Jean Neuhaus s'installe à Bruxelles.
1860 : fondation à Bruxelles de la chocolaterie Senez-Strubelle.
1862 : le quaker Henry Isaac Rowntree achète une chocolaterie aux États-Unis.
1868 : Jean Tobler ouvre une chocolaterie à Berne.
1870 : Charles Neuhaus crée une chocolaterie à Bruxelles qui deviendra, avec Léopold Bieswal, la firme Côte d'Or.
1870 : à Laeken s'installe la chocolaterie Meyers-Courtois.
1872 : création de l'usine Delacre à Vilvoorde.
1879 : Rodolphe Lindt s'installe à Berne.
Vers 1880 : création de Kwatta à Bois-d'Haine et de Martougin à Anvers.
1883 : création officielle de la marque "Côte d'Or".
1884 : Alexis Séchaud ouvre sa fabrique à Montreux.
1888 : fondation à Gand de la société Cacao Goemare.
1889 : la société anversoise De Beukelaere ajoute à la biscuiterie une section chocolat et cacao en poudre.
1895 : Johann Jacobs ouvre un magasin de thés, cafés, chocolats et biscuits à Brême, en Allemagne.
1897 : fondation par Jean-Antoine Jacques d'une chocolaterie à Verviers.

• **XXe siècle**

1909 : la société Bruyerre s'établit à Charleroi.
1910 : Henri Wittamer s'installe au Grand Sablon à Bruxelles.
1911 : Callebaut ajoute à sa fabrique, créée en 1860, un département "chocolat".
1919 : Mlle Mary Delluc ouvre la chocolaterie "Mary" rue Royale.
1920 : M. Kestekidès lance "Léonidas".
1923 : M. Libeerts crée "Italo-Suisse" à Roulers.
1946 : création de la firme "Godiva".
1976 : Jean Galler fonde sa chocolaterie à Vaux-sous-Chèvremont.

Du cacao au chocolat

La découverte du cacao et de ses fèves broyées n'est que la première étape de l'aventure du chocolat. Celui-ci contient, bien sûr, de la pâte de cacao et du beurre de cacao, mais on y ajoute du sucre et/ou du lait.

Quand les cabosses brunissent

Le cacaoyer a été planté au nord de l'Amérique latine par les Indiens mayas, autour de 600 avant J.-C. La légende raconte que les premières fèves viennent du paradis et qu'elles donnent sagesse et pouvoir à ceux qui en consomment. On comprend l'intérêt des empereurs à garder restreinte leur utilisation. L'arbre en question ne croît que dans les zones humides, ombragées et chaudes, et de préférence en dessous de 600 m d'altitude, c'est-à-dire dans la zone tropicale de la planète comprise entre le 22° parallèle au nord, avec Cuba, et le 21e parallèle au sud, avec La Réunion. On empêche les arbres de dépasser une hauteur de 8 m (ils peuvent atteindre 14 m de haut !) afin de faciliter la cueillette des cabosses. Car dans la cabosse, le fruit du cacaoyer, on trouve environ 50 fèves. La cabosse est une sorte de coquille épaisse de 30 cm de long qui change de couleur en mûrissant. Elle passe du vert et du jaune à l'orange, le rouge et le brun. Précieuse graine, car sur les 6 000 fleurs du cacaoyer, seulement 1 % deviendra cabosse. Leur récolte se fait deux fois par an : en juin et en octobre.

Concassage et décorticage des fèves. (Verviers, chocolaterie Jacques, début du XXe siècle.)

Les producteurs du cacao

Au XIXe siècle, au moment de l'essor des manufactures européennes, on introduit le cacao en Équateur, au Brésil et en Afrique (en 1822). Ce sont la Côte-d'Ivoire, le Brésil, le Ghana, le Nigeria et le Cameroun qui se classeront en tête des producteurs de cacao dans le monde, avec des chiffres oscillant entre 100 et 530 mille tonnes annuelles de fèves (sur un total de 2,4 millions de tonnes). On sait qu'en 1830, la production mondiale n'était que de 10 000 tonnes !

Aujourd'hui que le cacaoyer a été introduit en Asie, on trouve comme trio de tête des producteurs mondiaux la Côte-d'Ivoire, le Brésil et la Malaisie. Lorsque les fèves arrivent en sacs chez le chocolatier, elles ont été étalées pendant quelques jours et brassées au soleil pour exalter au mieux leur arôme. Elles sont brun jaunâtre (criollos) ou violet brunâtre (forasteros). Une autre sorte de fève (trinitarios), métissée des deux précédentes, pousse à Trinidad.

Plantation de cacaoyers à Kiniati en 1941. (Bruxelles, musée royal de l'Afrique centrale.)

La pâte de chocolat

Trois grandes opérations sont nécessaires pour la transformation des fèves en pâte :

• la torréfaction : passées à l'air chaud (entre 120 et 140 degrés), les fèves se séparent de leur écorce. Leur saveur augmente;

• le concassage : elles forment une pâte liquide, la "masse", la pâte de cacao. C'est une suspension de substances cacaotées dans du beurre de cacao. On y ajoute du sucre. On peut faire ici une parenthèse : après ces deux opérations, la pâte de cacao prend deux directions, elle devient soit de la poudre de cacao, soit du chocolat. Pour obtenir de la poudre de cacao, on alcalinise la pâte, on la broie, on l'homogénise, on sépare le beurre de cacao (qui servira dans le chocolat) du tourteau (qui sera broyé pour devenir une poudre);

• le conchage : la pâte est versée dans de grandes cuves à une température qui varie de 50 à 80 degrés. On ajoute du beurre de cacao pour la rendre plus fluide. Et voici le chocolat.

Le chocolat noir est composé de pâte de cacao, de beurre de cacao et de sucre. Pour le chocolat au lait, on ajoute... du lait. Le chocolat blanc est composé de beurre de cacao, de sucre et de lait.

L'alchimie du chocolat

La qualité du chocolat se détermine dès le choix des fèves. Le premier secret d'une fabrication est le dosage des variétés de cacao. Chaque cacao a son arôme, son parfum, sa subtilité. Longtemps, par exemple, le meilleur mélange possible sembla être deux tiers de "maragnan" brésilien et un tiers de "caraque" vénézuélien. On y ajoutait un peu de "cayenne" pour donner un parfum supplémentaire et personnel... Inutile de préciser qu'il s'agit d'une affaire de goût et même de bon goût.

Une fois ce premier choix décidé, l'alchimie de toutes les opérations qui suivent sera délicate et complexe. La teneur en beurre de cacao rend un chocolat plus ou moins sec et la proportion de sucre le rend ou plus ou moins doux. Quant à l'amertume du chocolat noir, elle doit être persistante, jamais neutre. Mais nous entrons là dans le domaine du subjectif où même le vocabulaire utilisé, comme pour un vin, est une affaire personnelle. Un chocolat peut être agaçant ou acidulé, âcre ou rafraîchissant. Il peut être de couleur terre d'ambre brûlée ou palissandre. Son parfum peut être sensuel ou exotique. Son toucher peut-être poudreux, fondant, dense, moelleux ...

Tapoteuses dans une fabrique de chocolat au début du XXe siècle.

Ainsi naît le chocolat

La pâte de chocolat se conserve à l'état liquide et à une température de 40 degrés. Pour en fabriquer des bâtons, par exemple, on le refroidit de 10 degrés afin que la cristallisation du beurre de cacao soit parfaite. On verse le chocolat dans un moule préchauffé à 27 degrés, ainsi il conservera sa brillance. On tapote les moules pour en ôter les bulles d'air. Le chocolat passe dans les tunnels de refroidissement pour que la coquille puis le fourrage durcissent. Le moule est encore réchauffé pour souder le tout et encore refroidi avant de démouler les bâtons terminés...

L'Europe du chocolat

On reconnaît officiellement trois sortes de chocolat:

- le chocolat noir ou fondant, appelé aussi "chocolat" tout simplement ;
- le chocolat au lait ;
- le chocolat blanc.

Le minimun de cacao pur que doit contenir le chocolat est de 35 %, selon les normes européennes (en Belgique, on en met jusqu'à 43 %).

Will Tura et Salvatore Adamo : des consommateurs de chocolat noir

Le souvenir lié au chocolat le plus marquant pour Salvatore Adamo remonte à ses 12 ans : "Je participais à un crochet qui se déroulait sur la grand-place de ma ville de Jemappes. Je chantais *L'Amour est un bouquet de violettes* immortalisé par Luis Mariano. J'ai été classé premier ! Or, le premier prix était... 2 kilos de chocolat Meurisse ! C'était tellement insolite qu'en rentrant à la maison, mes parents mirent en doute la façon dont je m'étais approprié ce chocolat... Ce que je sais, c'est que j'ai tout mangé en quelques heures ! "

Le chocolat a des vertus énergétiques, on le sait, et Will Tura en fait l'expérience quotidienne : "Pour me maintenir en forme, sur les conseils d'un ami, je m'astreins tous les matins à un jogging d'une heure dans le bois de La Cambre. C'est à deux pas de chez moi, c'est pratique ! Or, tous les médecins vous le diront : il ne faut pas pratiquer quelque sport que ce soit à jeun. C'est ainsi que la première nourriture que je consomme de la journée, c'est celle-là : je croque un morceau de chocolat et je suis prêt pour ma promenade de santé de quelques kilomètres dans la nature !... À part ça, Jenny, ma femme, prépare une mousse au chocolat exquise et dont je raffole !"

Et toujours à propos de santé, Salvatore Adamo décrit avec lyrisme la dégustation du premier chocolat qu'il eut l'autorisation de croquer après une récente hospitalisation : "Une sensation très forte ! J'ai eu l'impression d'avoir les papilles dilatées tant le goût m'envoûtait ! Un frisson terrible..." (pour la petite histoire, c'était du Côte d'Or noir...).

Dans certains pays de l'Union européenne (Autriche, Danemark, Finlande, Suède, Norvège, Irlande, Grande-Bretagne et Portugal), on autorise le remplacement de 3 à 15 % du beurre de cacao par des graisses végétales, moins coûteuses. Un projet de directive européenne se propose d'uniformiser cette norme. De son côté, la Suisse accepte depuis juillet 1995 que d'autres matières grasses remplacent à raison de 5 % le beurre de cacao. Ces matières sont les huiles de palme, de colza, de soja, le beurre de karité ou l'illipé, toutes matières moins chères que le cacao.

La nouvelle directive engendrerait un certain nombre de choses :

- le prix de revient du chocolat serait moins élevé avec des ma-tières grasses végétales autres que du beurre de cacao,
- les pays producteurs de cacao (par exemple la Côte-d'Ivoire qui produit près d'un tiers du cacao mondial) pourraient voir leur chiffre d'affaires baisser,
- si certains chocolatiers voulaient continuer d'utiliser uniquement le cacao en grande quantité, lui donnerait-on une appellation particulière, une protection nouvelle sous la forme d'un label ? (Pour le chocolat au lait, par exemple, la loi précise que s'il contient au moins 30 % de cacao, le chocolatier peut indiquer "qualité supérieure".)

Les grandes découvertes

On doit au Hollandais Coenraad J. Van Houten une des plus grandes découvertes de l'histoire du chocolat moderne : le chocolat en poudre. Il invente en 1828 une presse qui extrait le beurre de cacao. Auparavant, il fallait utiliser un batteur pour faire mousser le liquide.

Affiche publicitaire pour le cacao Van Houten. (Londres, Mary Evans Picture Library.)

Le chocolat aux noisettes est fabriqué en 1830 par le Suisse Charles-Amédée Kohler, qui s'associe plus tard à Daniel Peter. Celui-ci crée en 1875 le chocolat au lait. Il le fait grâce au procédé de condensation du lait, que met au point un autre Suisse célèbre, Henri Nestlé. Le premier chocolat fourré est "inventé" en 1912 par Jean Neuhaus. La praline, comme l'appelle Neuhaus, donnera naissance aux chocolats belges ou "belgium chocolates". C'est le chocolatier américain Mars, dans sa société de Chicago, qui donne son nom à la fameuse "barre" en 1911 à Tacoma (Washington). Il lance en 1923 le "Milky Way" qui est à la base de la vogue des barres fourrées au chocolat. Son fils, Forrest Mars Jr, met au point "le" Mars tel que nous le connaissons dès 1932.

Mise en paquets (chocolaterie Jacques, Verviers, début du XXe siècle).

Le chocolat dans toutes ses variétés

La définition du chocolat est : "Produit obtenu à partir de cacao en grains, en pâte ou en poudre, ou de cacao maigre en poudre, et de sucre, avec ou sans addition de beurre de cacao, au moins 14 % de cacao sec dégraissé et 18 % de beurre de cacao."

Les tablettes de chocolat

Il existe quatre catégories de chocolat en tablettes : le chocolat, le chocolat au lait, le chocolat blanc et le chocolat fourré. L'enrobage de chocolat de ce dernier doit être au moins du quart du poids total. Dans les chocolats et les chocolats au lait, d'autres appellations ont cours selon leur teneur en cacao, le chocolat de ménage avec un minimum de 30 % de cacao, le chocolat avec un minimum de 35 % de cacao, le chocolat "supérieur" avec un minimum de 43 % de cacao.

Le chocolat de couverture

Le chocolat de couverture est le chocolat qui sert de matière première aux chocolatiers, confiseurs et pâtissiers. Il contient au moins 31 % de beurre de cacao et 12,5 % de cacao sec dégraissé. Alors que ce chocolat de couverture est traditionnellement stocké en dessous de 18 degrés, avec les inconvénients de la place et de l'énergie dépensées, Charles Callebaut a eu cette idée géniale de le conserver à l'état liquide et chaud. Il peut livrer cette matière

Trembleuse, XVIIIe siècle.
(Anvers, Kunsthistorische musea, Museum Smidt Van Gelder.)

première dans des camions-citernes à récupération calorique. Les chocolatiers moins importants peuvent aussi bénéficier de ces produits de qualité.

Les pâtes à fourrer

Les sortes de fourrages sont infinies, mais il existe bien entendu des classiques :

- le fondant : un sirop de sucre additionné de glucose travaillé à la spatule jusqu'à une consistance blanche et malléable. Il est aromatisé au café, à la vanille, aux fruits,
- la ganache : un ensemble de crème fraîche cuite et de chocolat, auquel on ajoute parfois une liqueur, du thé ou un fruit,
- le gianduja : une pâte à base de fruits oléagineux, comme les amandes, les noisettes ou les pistaches, finement broyée avec du sucre et du chocolat,
- le praliné : un mélange d'amandes grillées ou de noisettes et de sucre caramélisé. Le plus souvent, il est partagé en deux doses égales.

On trouve également le fourrage au nougat, à la pâte d'amandes, aux pâtes de fruits, à la crème de menthe, aux liqueurs, etc.

La richesse du chocolat

Le chocolat possède de grandes qualités nutritives. Il est riche en sucre et en graisse. Il contient aussi des sels minéraux : du magnésium et du fer. (Une barre de 10 g de chocolat noir consommée avec 100 g de pain apporte à un enfant de 4 à 11 ans environ 1/3 de ses besoins en magnésium.) Dans le chocolat au lait, il y a forcément plus de calcium, mais moins de magnésium. Enfin, le chocolat apporte du tonus car il contient de la théobromine et un peu de caféine qui stimule le système central nerveux de l'homme. Le mot "théobromine" est dérivé du nom scientifique du cacaoyer "Théobroma cacao L." (en grec, nourriture des dieux), donné par Carl von Linné lui-même au XVIIIe siècle.

L'érotisme du chocolat

"Ses propriétés stimulantes sont propres à exciter les ardeurs de Vénus", écrit à propos du chocolat en 1702 Louis Lemery dans son *Traité des aliments*. Johann Michael Haider, médecin viennois, ne l'appelait que "Veneris Pabullum", l'aliment de Vénus.

La passion du chocolat

Les chocolatiers, les fabricants comme les artisans, sont des hommes passionnés, stimulés par l'aventure extraordinaire qu'est la transmutation d'une matière brute en aliment délicieux. Ce métier requiert un professionnalisme sans faille, une connaissance exacte et, pour ceux qui le vivent comme une passion, une âme d'artiste. C'est dire qu'il attire le plus souvent ceux qui ont une vocation. Les artisans créateurs peuvent se comparer aux compositeurs de musique, aux peintres, aux poètes, à tous ceux qui utilisent l'alchimie mystérieuse pour passer d'un mot à un vers, d'une série de notes à une symphonie, d'une fève de cacao à une praline au goût unique... Cette technique, cette rigueur, ce savoir-faire, cette invention, le public les reconnaît et les sanctionne par un engouement pour certaines marques de chocolat, certains salons de dégustation. Et puisqu'on parle de passion, il faut évoquer aussitôt le plaisir partagé. Quelle explication le consommateur de chocolat donne-t-il à sa passion ? Est-elle rationnelle ? Brillat-Savarin dit : "Heureux chocolat, qui après avoir couru le monde à travers le sourire des femmes, trouve la mort dans un baiser savoureux et fondant de leur bouche."

Jean-Michel Moreau le Jeune, Le Lever, *XVIIIe siècle. (Paris, Petit Palais.)*

Guy de Maupassant dans un des *Contes de la bécasse* écrit : " Je n'en ai jamais bu de pareil ! Un chocolat à s'en faire mourir, moelleux, velouté, parfumé, grisant. Je ne pouvais ôter ma bouche des bords délicieux de sa tasse." La passion est synonyme d'excès. Le Gaston Lagaffe de Franquin n'ajoute-t-il pas une cuillerée de chocolat chaud dans l'huile où baignent ses sardines Chantilly !...

Le chocolat aphrodisiaque

Le poète anglais James Wadsworth écrit, au XVIIe siècle, des vers à la gloire des vertus excitantes du chocolat :

Emballage de chocolat Théobroma faisant référence à un "dieu Chocolat".

"Il rendra les vieilles femmes
jeunes et fraîches
Créera dans leur chair des frémissements renouvelés
Les fera languir après ce que
vous savez
Si seulement elles goûtent au
chocolat."

Dans certains guides, à la fin du même siècle, on suggère de remplacer les blancs d'œufs et autres "cantharides" par le chocolat aphrodisiaque. Durant le siècle suivant, le chocolat figure en bonne place dans les mets réputés propices aux ébats amoureux. On y trouve le gibier, la moelle, les huîtres, le caviar... le champagne et le chocolat. Sans doute l'ambiance luxueuse et fantasmatique qui entoure leur consommation y est-elle pour quelque chose. Madame du Barry offre toujours une tasse de chocolat mousseux à ses amants. Le chevalier Casanova signale dans ses mémoires que le chocolat écumant lui semble plus efficace pour retrouver sa vigueur que le champagne !

Le chocolat... un poison ?

Le célèbre "divin" marquis, Donatien Alphonse François de Sade, organise régulièrement à Marseille des soirées où il convie les belles dames de la région. Il a l'idée saugrenue et perverse de distribuer à toutes ces femmes des pastilles au chocolat. En réalité, elles sont fourrées à la cantharidine (extrait de la cantharide, un insecte répandu dans le Midi de la France), un puissant alcaloïde congestionnant... Madame de Pompadour absorbe régulièrement des tasses de chocolat ambré pour s'échauffer le sang : l'ambre gris a la réputation d'aphrodisiaque. Dans sa *Cuisine antidéprime*, Sylvain Lebel écrit : " Le chocolat est un aliment mythique, à ranger au même rayon que le fruit défendu".

La sensualité du chocolat

Le chocolat recèle une part évidente d'érotisme, de sensualité. Il met en éveil tous les sens :

• stimulations visuelles : son aspect peut être mat, brillant, satiné ; sa richesse de coloris va du noir au rouge et au brun. Notez que le chocolat blanc doit être de couleur ivoire ;

• stimulations gustatives : les quatre saveurs primaires peuvent être présentes : le sucré, le salé, l'acide et l'amer. C'est entre 18 et 21 degrés que le chocolat dégage le plus d'arôme. Il doit être onctueux, c'est-à-dire fondre seul en bouche ;

• stimulations tactiles : comme un tissu, le chocolat peut être moelleux ou rêche, rugueux ou léger...

• stimulations auditives : on l'entend craquer, crisser, chanter... Le bruit du chocolat qu'on casse doit être sec. Si le morceau s'effrite c'est qu'il est trop vieux, s'il se casse mal c'est qu'il ne contient pas assez de beurre de cacao ;
• stimulations olfactives : bien sûr, on perçoit le parfum de vanille, de café, de nougat, mais on peut aussi, une fois en bouche, sentir par voie rétronasale le parfum boisé, grillé, praliné...

L'art de la dégustation du chocolat existe comme celui du vin ou des recettes de cuisine. Et le cadre dans lequel on vous propose le chocolat est lui aussi important. En 1901, Thomas Mann écrit dans *Les Buddenbrook* : "Par la porte vitrée ouverte, l'air matinal afflue du jardin, et l'on vous sert, au lieu de café et de thé, une tasse de chocolat..."

Antonio de Pereda y Salgado, Nature morte, *1652. (Saint-Petersbourg, musée de l'Ermitage.)*

Le vin et le chocolat

Le chocolat, nourriture riche et multiple dans ses variations, est difficile à marier avec une boisson. L'eau est le mariage classique préconisé par les pères de la gastronomie du vingtième siècle (Escoffier, Curnonsky ou Dumas). Le café est lui aussi un bon passe-partout, surtout lorsque de la vanille entre dans la composition du chocolat. Pour les vins, l'accord rédhibitoire par définition est certainement celui du champagne et du chocolat. En règle générale son mariage avec le vin dépendra essentiellement du type de chocolat.

Voici ce qu' Éric Boschman (Le Pain et le Vin, 812, chaussée d'Alsemberg, 1180 Uccle), un de nos meilleurs spécialistes en la matière, propose :
• chocolat au lait : des blancs moelleux, par exemple un vin de paille du Jura ou un xérès doux. Certains rouges secs : saint-émilion pas trop marqué par les tanins, ou vieux rioja. S'il s'agit d'un dessert au chocolat au lait avec des fruits comme l'abricot ou la pêche : un sauternes jeune ou une malvoisie de Lipari. Le chocolat au lait s'accorde assez mal avec les vins rouges doux naturels (porto, maury, banyuls);
• chocolat noir (grosso modo aux environs de 60 % de cacao) : l'accord le plus évident est un vin rouge doux naturel relativement vieux ou du moins un peu oxydé, comme un porto Tawny ou un banyuls de

10 ans d'âge. Si l'on aime les sensations fortes, un cognac relativement fruité ou un pur malt un peu fumé feront l'affaire. Certains blancs élevés dans le même style : tokaji, Passito de Panteleria, marsala doux ou rivesaltes ambré lui conviendront assez bien.

Si le chocolat noir est employé dans la préparation d'un entremets ou d'une pâtisserie, il faudra d'abord envisager l'accompagnement. S'il s'agit d'un coulis de fruits rouges, on cherchera du côté d'un rouge relativement léger, pourquoi pas légèrement effervescent, comme un Brachetto du Piémont ou un Cerdon du Bugey. S'il s'agit d'une crème anglaise, jouons plutôt les blancs un peu oxydés et doux, ou si l'on aime le risque un vin jaune du Jura. Si l'on accompagne le dessert au chocolat d'une crème anglaise à la menthe, on peut essayer une infusion, c'est la seule solution...

• Chocolat noir amer : le roi des chocolats est le plus facile à marier. Quand il est à température ambiante, il s'accorde parfaitement avec les vins doux naturels rouges non oxydés comme le porto vintage, maury vintage, banyuls rimatge ou même malaga virgen. Si on préfère les alcools, un cognac assez âgé aux arômes épicés, un vieux pur malt ou un grand calvados compléteront allégrement sa saveur. Pas de blanc, sauf dans le cas de certaines préparations de pâtisserie.

Gérard Boyer, du Château des Crayères à Reims, travaille une tarte au chocolat amer qui se marie parfaitement avec du champagne Krug grande cuvée. Mais c'est, à mon sens, l'exception qui tendrait à confirmer la règle.

Assortiment à la liqueur de chez Neuhaus.

Amélie Nothomb : "Le chocolat n'est jamais écœurant !"

"Il y a des moments dans la vie où l'on se sent étranger. Cette solitude intérieure, je l'éprouve chaque fois que j'entends dire: "Le chocolat, c'est bon mais c'est écœurant" ou "Je suis écœuré, j'ai mangé trop de chocolat". J'ai souvent mangé trop de chocolat, je n'ai jamais été écœurée.

Je ne trouve vraiment pas que le chocolat soit écœurant : au contraire, je trouve que l'on peut en manger des quantités effarantes sans lassitude ou indisposition. Il faudrait un jour que je me mette dans la situation qui rende cette expérience possible : me lâcher au sein d'une chocolaterie avec licence de dévorer tout ce que je veux. Ainsi, peut-être, découvrirais-je enfin cette sensation mystérieuse : le dégoût du bon chocolat. Car le dégoût du mauvais chocolat, je connais. J'ai vécu trois années au Bangladesh où, le croiriez-vous, l'on vend un chocolat de cauchemar. Il est distribué dans des petits paquets de carton qui ressemblent à s'y méprendre à des jeux de cartes. À l'intérieur on trouve une pâte brune d'un âge canonique, au cœur de laquelle il m'est arrivé de trouver un fourrage inattendu : ni noisette, ni riz soufflé, ni crème quelconque, mais un... cancrelat !

Il faut croire que j'ai réellement une passion pour le chocolat, car cette aventure ne m'a pas empêchée de continuer à en manger... du très bon ! "

(La jeune Belge Amélie Nothomb possède un talent littéraire hors du commun et déjà récompensé par de nombreux prix. Ses œuvres : *Hygiène de l'assassin*, *Le Sabotage amoureux*, *Les Combustibles*, *Les Catilinaires* ou *Péplum* (Albin Michel) ont enthousiasmé la critique et le public et sont traduites en onze langues...)

Comme tous les plaisirs, le chocolat véhicule aussi une image de culpabilisation. C'est tellement bon que ce doit être un péché, dit-on souvent ! Est-ce mal ? je ne sais pas... Est-ce mauvais pour la santé ? c'est une autre question. Voyons les choses avec méthode et, avant tout, répétons qu'il faut en consommer modérément. C'est en compagnie du docteur Karin Rondia ("Pulsations", RTBF) que nous évoquons ces problèmes.

• Le chocolat est calorique

On l'a vu dans le tableau de sa valeur nutritionnelle, c'est un aliment qui est très énergétique. Will Tura a bien raison d'en manger avant de pratiquer son jogging. Comme on l'a déjà dit, il faut être raisonnable, surtout si on a une tendance à l'embonpoint. Le cacao en poudre fait 312 calories pour 100 g, le chocolat noir 495 et le chocolat au lait 515.

• Le chocolat ne donne pas de crise de foie

En effet, contrairement à une idée répandue, ce n'est pas le foie qui est touché en cas de surconsommation, mais la vésicule biliaire, pour la bonne raison que cet organe a comme mission de faciliter la digestion des aliments gras. Si elle augmente de volume, elle devient douloureuse.

• Le chocolat n'a pas d'incidence sur le taux de cholestérol

Comme il contient en partie des acides gras, on a pensé qu'il favorisait le cholestérol. C'est faux. Dans le chocolat noir, le taux est nul ; dans le chocolat au lait, il est de 15 à 18 mg pour 100 g. Autant dire qu'il n'a aucune incidence.

• Le chocolat ne provoque pas d'acné

Aucune étude n'a jamais fait de rapprochement entre le chocolat et l'acné. De la même manière, en ce qui concerne la nourriture trop grasse consommée souvent par les enfants (chips, hamburgers, etc.), il n'est pas prouvé non plus qu'elle soit liée à l'acné.

• Le chocolat ne provoque pas d'allergies

Il n'en provoque que de façon totalement exceptionnelle.

• Le chocolat n'entraîne aucune migraine

Sauf chez les sujets prédisposés aux migraines, qui peuvent les voir exacerbées par l'absorption de chocolat.

Ouvrage d'un médecin de Louis XIV.

• Le chocolat ne favorise pas la constipation

Il est faux de dire que le chocolat favorise la constipation. Il ne contient pas de fibres et n'est donc pas laxatif non plus.

• Le chocolat provoque des caries

Cela peut être vrai pour le mauvais chocolat qui contient trop de sucre !

• Le chocolat n'est pas aphrodisiaque

On le sait, les Aztèques buvaient un chocolat aphrodisiaque, parce qu'il était mélangé aux piments. Le sucre a remplacé les piments salés. Le chocolat contient une substance qui aide à éveiller les émotions, mais en si petites quantités que les conséquences ne peuvent en aucun cas être sexuelles.

• Le chocolat n'est pas une drogue

Ceux qui disent ne plus pouvoir s'en passer parlent surtout d'une dépendance psychologique. De la même manière, on peut être "accro" à la télévision ou aux mots croisés ! Ainsi, on croque du chocolat quand on est angoissé ou en manque d'affection. C'est que le chocolat est un plaisir – on y revient – et apporte une sensation de calme, de sérénité, une pause dans le brouhaha de la vie. Quant à la fameuse théobromine et à la caféine que contient le chocolat, cela peut, sans doute, donner un coup de fouet au corps, s'il en a besoin.

Retenons donc que bien peu de points négatifs subsistent à l'analyse, quasiment plus. Au contraire, il faut en souligner la richesse en minéraux : magnésium, potassium, fer. De quoi faire taire ses détracteurs et rassurer les inquiets et les amateurs de diététique.

Jean-Anthelme Brillat-Savarin (1755-1826) est l'auteur de la *Physiologie du goût*. On a donné son nom à un fromage, on aurait pu le donner à un chocolat ! Il a écrit : "Les personnes qui font usage de chocolat sont celles qui jouissent d'une santé plus constamment égale et qui sont le moins sujettes à une foule de petits maux qui nuisent au bonheur de la vie."

Quant au docteur Karin Rondia, elle déclare : "J'adore le chocolat. Mais je reste raisonnable : je n'en consomme jamais une tablette entière et je choisis les "bonnes" pralines. À la maison, j'ai toujours dans l'armoire de la cuisine une réserve de bon chocolat noir, que je déguste avec le thé ou le café. Comme tout le monde, c'est quand j'ai un coup de "blues" ou une petite fringale que j'en mange..."

Pour bien conserver le chocolat

• La température
Elle doit être constante, entre 14 et 18°. S'il passe du chaud au froid, le chocolat blanchit. S'il passe du froid au chaud, il transpire. Enfin, si la température est trop élevée, bien sûr il pâlit, puis fond.

• L'humidité
Elle produit le blanchissement du chocolat. Une cave humide, par exemple, ne convient pas pour sa conservation.

• L'odeur
Il vaut mieux ranger le chocolat dans un récipient fermé – ou dans du papier aluminium – pour éviter qu'il ne s'imprègne d'autres odeurs fortes.

Gousses de vanille.

Plant de cacaoyer avec sa cabosse ouverte.

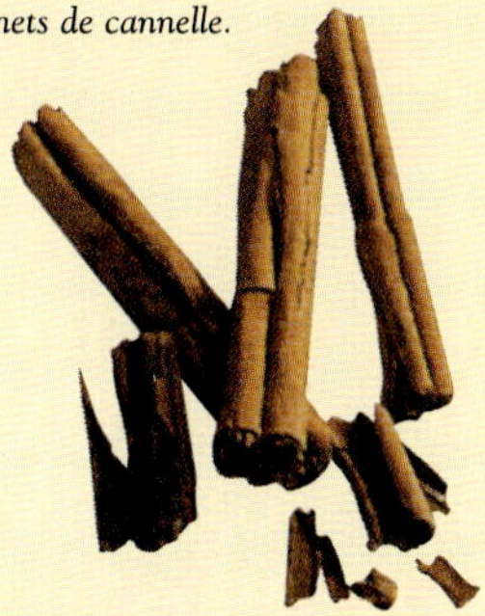

Bâtonnets de cannelle.

La valeur nutritionnelle du chocolat

Composition moyenne d'une tablette de 100 g de chocolat

Éléments	Chocolat noir	Chocolat au lait
• Composants nutritifs		
Protéines	3,2 g	7,6 g
Lipides	33,5 g	32,3 g
Hydrate de carbone	60,3 g	53,0 g
Lécithine pure	0,3 g	0,3 g
Alcaloïdes (théobromine)	0,6 g	0,2 g
• Minéraux		
Calcium	20 mg	220 mg
Magnésium	80 mg	50 mg
Phosphate	130 mg	210 mg
• Oligo-éléments		
Fer	2,0 mg	0,8 mg
Cuivre	0,7 mg	0,4 mg

Éléments	Chocolat noir	Chocolat au lait
• Vitamines		
A	40 U.I.	300 U.I.
B1	0,06 mg	0,1 mg
B2	0,06 mg	0,3 mg
C	1,14 mg	70 U.I.
D	50 U.I.	70 U.I.
E	2,4 mg	1,2 mg
• Énergie assimilable		
Calories	495	515

(Source : Institut de recherche du café et du cacao-IRCC)

"Le fin du fin des chocolats fins" (Poulain).

"LE PLAISIR AU CARRÉ" (NESTLÉ).

"Un chocolat d'une infinie tendresse" (Lindt).

"Tendrement chocolat" (Milka).

"Passionnément" (Lanvin).

"Du chocolat riche, onctueux, Suchard a su tirer tous les plaisirs" (Suchard).

"Rien ne vaut le vrai !" (Callebaut).

"Un goût de paradis" (Bounty).

"POUR RUGIR DE PLAISIR" (LION).

"Tu te laisseras tenter..."
(Mars).

***"Rythmez vos nuits au goût du noir"
(Nestlé).***

"Vous n'avez jamais ressenti de telles sensations" (Lindt).

EN BELGIQUE, "PRALINE" SIGNIFIE "FIN CHOCOLAT FOURRÉ" ET "NEUHAUS" SIGNIFIE "LES PRALINES LES PLUS FINES" (NEUHAUS).

Construction de la ligne de chemin de fer Matadi-Stanley Pool, jalon important de l'histoire du chocolat belge, en 1892-1898.

II. La grande aventure de la praline

Après son arrivée en Europe, le chocolat va notamment se consommer sous la forme de pralines, du nom du maréchal du Plessis-Praslin.

Ce sont les grands promoteurs belges, tel Jean Neuhaus, qui feront évoluer le produit vers les pralines que nous connaissons aujourd'hui.

Il faut s'entendre sur les termes. Le dictionnaire français donne deux définitions au mot : soit une amande ou une noisette grillée enrobée de sucre cuit et glacé (ce qu'on désignait en Belgique par "sucre de baptême"), soit, en Belgique, un bonbon au chocolat, généralement fourré. Tout en notant qu'en Suisse la même confiserie est appelée "bouchée au chocolat", nous signalons donc que c'est l'acception belge du mot que nous utiliserons ici. Il n'existe pas de définition légale de la praline, par suite de sa grande diversité de fabrication.

Le duc du Plessis-Praslin

La première orthographe du mot en 1662 est "prasline". Il s'écrit "praline" en 1680. L'origine du nom vient du maréchal du Plessis-Praslin, dont le cuisinier Lassagne inventa l'amande rissolée dans un reste de sucre bouillant. Monsieur de Choiseul, duc du Plessis-Praslin (1598-1675) était ambassadeur de Louis XIII. Opposé aux Bordelais qui s'étaient rebellés contre l'autorité du roi, il demanda à Lassagne d'inventer une gourmandise susceptible de distraire ces frondeurs. En voyant un de ses marmitons racler et grignoter un reste de sucre fondu, il eut l'idée de la "prasline". Après avoir conquis ses titres de gloire, le maréchal se retira à Montargis où il fonda la "Maison de la praline", qui existe encore aujourd'hui.

Boîte de pralines, vers 1880.

Jean Neuhaus invente la praline belge

Fondée en 1857, la confiserie pharmaceutique Neuhaus fait déjà largement appel au chocolat pour ses compositions. À la mort de Frédéric Neuhaus, en 1895, son fils Jean (qui porte le même prénom que son grand-père venu de Neuchâtel en Suisse) reprend la confiserie de la galerie de la Reine à Bruxelles, alors qu'il se destinait à des études d'ingénieur. Frédéric a donné une impulsion nouvelle à l'entreprise familiale. Il est aidé par Louise Agostini, sa femme. Celle-ci tient de son arrière-grand-père sculpteur un talent artistique évident. Elle entreprend des transformations dans la boutique, s'occupe de la décoration, dessine le "N" napoléonien qui devient la marque de reconnaissance de l'entreprise. Elle aide son mari à créer la célèbre praline. Nous sommes en 1912. La praline est un fourrage entouré de chocolat. (À ce propos, on peut imaginer que le mot "praline" a séduit Neuhaus également pour sa définition en agriculture : mélange dans lequel on trempe, on enrobe les graines avant de les semer...) En 1915, Jean Neuhaus dépose un brevet à Bruxelles, avec l'échantillon d'un modèle industriel d'enveloppe en carton pour bonbons. C'est le fameux "ballotin" de pralines, qui remplace alors avantageusement les cornets qui écrasaient les friandises disposées dedans.

La fabrication de la praline

Si la fabrication de la praline est en partie mécanisée, une part du travail (surtout la décoration) continue d'être réalisée à la main. Deux techniques sont utilisées, selon le type de fourrage.

Le moulage : on verse le chocolat liquide dans un moule creux. Les godets obtenus sont refroidis pour qu'ils durcissent. On les garnit de fourrage liquide ou pâteux. On les scelle avec une couche de chocolat liquide. C'est le dessous de la praline. On les démoule, après un nouveau refroidissement.

L'enrobage : on trempe le fourrage dans un bain de chocolat liquide ou on le fait passer sous un rideau de chocolat. Ce qui permet une multitude de variétés de pralines, d'une part grâce à la qualité du chocolat – au lait, blanc, etc. – d'autre part grâce au fourrage – crème, massepain, etc.

Fabrication des pralines fines (chocolaterie Jacques, Verviers, début du XXe siècle).

Les pralines classiques

La Belgique propose, avec le succès que l'on sait, des pralines en vrac, dont on peut choisir l'assortiment. Elles sont vendues par des magasins spécialisés et par certains boulangers-pâtissiers. Quatre variétés classiques se retrouvent le plus souvent en magasin.

- Chocolat au lait et praliné : le fourrage est composé de sucre, d'amandes et/ou de noisettes, voire même de noix de cajou grillées, d'un peu de vanille, de cacao et/ou de beurre de cacao, le tout enrobé de chocolat au lait.
- Chocolat fondant et crème fraîche ou au beurre : le chocolat fondant enrobe un fourrage de crème fraîche ou de crème au beurre.
- Manon : une grosse praline fourrée de crème fraîche ou au beurre et d'un cerneau de noix. L'enrobage est composé de chocolat blanc ou de sucre fondant, parfois même aromatisé au café. Cette praline est un grand sujet de discussion. Pour certains, elle doit être enrobée de sucre fondant, pour d'autres de chocolat blanc. L'important est de

Le manon

L'origine du manon est incertaine. Pour les uns, un chocolatier inconnu l'a imaginé en souvenir de *L'Histoire du chevalier des Grieux et de Manon Lescaut*, dernier volume des *Mémoires et aventures d'un homme de qualité* que l'Abbé Prévost écrivit en 1731. Cet amoureux partagé entre les feux de l'amour humain et divin fit de son héroïne, Manon, un mythe littéraire. Pour les autres, le créateur de cette friandise s'est inspiré de *Manon*, l'opéra de Jules Massenet représenté en 1884.

Assortiment de manons Godiva.

Christian Vanderkerken, "Le Chocolatier Manon" (64, rue Tilmont à Jette) a reçu un "Award 95" culinaire (à l'initiative de Horeca Expo à la Flanders-Expo de Gand) pour sa version classique du manon : une praline délicate, garnie d'une farce légère et crémeuse dans laquelle le parfum du café et la noix sont bien mis en valeur.

Pour Daniel Stallaert, le spécialiste de chez Neuhaus : "Le manon est toujours fourré de crème fraîche et/ou de crème au beurre. Il est placé sur un pied en nougatine (chez Neuhaus) en massepain (chez Godiva) ou sur une pastille de chocolat blanc (chez Corné). Garni d'un cerneau de noix, il est enrobé de sucre fondant au parfum de vanille ou de café. Le "faux" manon, par extension, désigne toutes les crèmes fraîches enrobées dans du chocolat blanc."

ne pas les comparer : ce sont deux pralines différentes. Mais si elles sont au sucre fondant, elles ne doivent pas être écœurantes par un excès de sucre. La couche de couverture (brillante, pas cassante) ne doit pas être trop épaisse. Si elles sont enrobées de chocolat blanc, elles seront plus petites. À propos du chocolat blanc, certains praliniers n'en fabriquent pas sous prétexte qu'il n'est pas un chocolat à part entière. La raison en est plutôt une plus grande difficulté à découvrir les saveurs qui se marient bien avec ce chocolat, sans que le résultat ne devienne écœurant.

• Chocolat fondant et massepain : le chocolat fondant entoure un fourrage de massepain, parfois additionné de fruits confits, de noix ou aromatisé à la pistache.

Il faut savoir que plus la décoration d'une praline est compliquée, plus elle nécessite de main-d'œuvre et, par conséquent, plus elle est chère.

La gamme idéale de pralines

Les bons praliniers se doivent de présenter une gamme idéale de pralines. Trop souvent, ils ne possèdent qu'une très grande gamme d'une sorte de praline et négligent les autres. Un bel échantillonnage doit comporter au moins une praline dans chacune des huit grandes familles détaillées ci-dessous, et cela dans chaque couleur (fondant, au lait et blanc), soit vingt-quatre sortes.

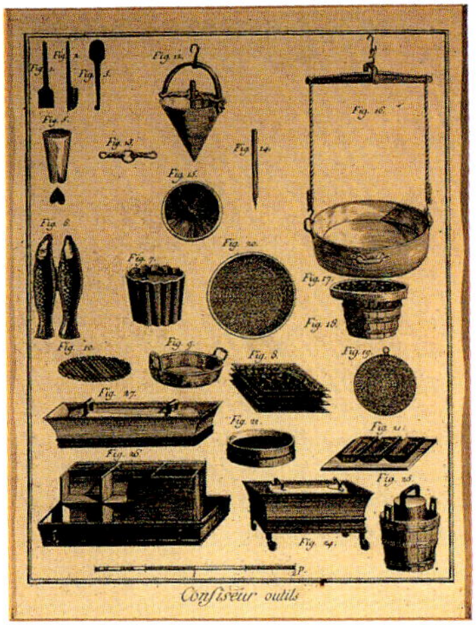

Diderot, L'Encyclopédie : *les instruments du confiseur. (Eupen, musée de la Chocolaterie Jacques.)*

• Massepain : c'est un mélange d'amandes et de sucre. Le bon massepain est fabriqué avec des amandes fraîchement émondées. Même s'il en contient souvent 30 %, le bon pourcentage est de 50 ou 60 %.

• Praliné : il s'agit d'un mélange de noisettes ou d'amandes grillées et de sucre caramélisé.

• Gianduja : c'est un mélange de fruits secs grillés et de sucre blanc. Le gianduja est à mi-chemin entre le massepain et le praliné : on y trouve du sucre blanc comme dans le massepain, et des fruits secs grillés comme dans le praliné, mais on y ajoute soit du beurre de cacao, soit du chocolat.

• Truffé : c'est un mélange de beurre, de sucre fondant, de chocolat et souvent d'une liqueur. On remplace souvent le beurre par de la margarine ou on y met trop de fondant. Il faut que, lorsqu'on pose le truffé sur la langue, il fonde tout seul...

• Crème fraîche : comme le nom l'indique, l'élément principal est la crème fraîche. Mais on y trouve aussi du sucre fondant, un peu de beurre et un peu d'alcool, pour la fraîcheur et comme conservateur.

• Ganache : c'est un ensemble de crème fraîche cuite et de chocolat, auquel on ajoute parfois une liqueur, du thé ou un fruit.

• Fondant : tel quel, il est peu utilisé dans les pralines de qualité. Il intervient dans la fabrication d'autre sortes de friandises, comme les cerises au kirsch, les truffés ou les pralines à la crème fraîche.

• Liqueur : certaines pralines à la crème fraîche, à la ganache, au praliné, au truffé ou au massepain, comportent de la liqueur. La vraie praline à la liqueur se présente, elle, sous deux formes : celle avec une croûte qui, lorsqu'on la croque, exhale trois saveurs : la liqueur, le chocolat et, entre les deux, la fine pellicule de sucre cristallisé ; celle sans croûte, de même composition sans le sucre cristallisé.

Cuve destinée à maintenir le chocolat chaud, 1890.

Quant au cas particulier de la cerise au kirsch, il faut que sa cerise sans noyau baigne dans un sirop translucide. Le chocolat peu sucré équilibre le sucre du sirop. Le piège pour cette praline (et pour les liqueurs en général) est de ne pas garder la mince couche de chocolat du fond.

Emballage manuel des pralines à la liqueur (ateliers Vanparys, Bruxelles, 1922).

Une praline de guerre

Dans la *Folle histoire de la cuisine wallonne*, Christian Souris fait part de sa découverte d'une recette très insolite de praline. Elle fut inventée pendant la guerre de 14-18 par une ménagère qui voulait tout de même offrir du superflu à sa famille :

1/2 kg de pommes de terre bien farineuses, 250 g de sucre cristallisé, 20 g de beurre, 25 g de cacao ou 50 g de poudre de chocolat, 50 g de chapelure, quelques gouttes d'essence d'amandes. Cuisez les pommes de terre avec leur peau dans de l'eau non salée. Égouttez, laissez refroidir, passez au tamis fin en purée. Ajoutez à la purée tiède le sucre, le beurre, le cacao, la chapelure et l'essence d'amandes. Mélangez jusqu'à obtention d'une pâte homogène. Formez la pâte en pralines de diverses formes. Roulez-les dans du cacao ou du chocolat râpé et laissez refroidir avant de les consommer.

Comment choisir une praline ?

Bien sûr, le choix d'une praline est une affaire de goût personnel. Néanmoins, on peut proposer un certain nombre de critères objectifs qui vous aideront dans la recherche de la qualité.

La boutique de pralines

Puisqu'il s'agit de nourriture, le magasin doit être propre. Il faut que les chocolats soient exposés sous un éclairage franc. La température de l'endroit où ils se trouvent doit être constante afin de les préserver. Quant aux vendeurs et vendeuses qui portent impérativement des gants pour manipuler les pralines, ils doivent avoir une bonne connaissance de leur gamme de produits afin de conseiller l'acheteur.

La présentation des pralines

Il faut veiller à ce que le ballotin – même si cet écrin est de grande qualité et d'une forme originale – soit compris dans le prix de vente. Les pralines doivent toujours être bien disposées à l'intérieur de l'emballage, pour être envoyées et transportées sans dommage. Par exemple, les couches de pralines doivent être bien séparées. Sur ou dans le ballotin, on doit trouver les renseignements suivants :

- l'adresse du fabricant,
- les conseils de conservation,
- la date limite de consommation.

Orange et chocolat noir.

La qualité des pralines

En avant-propos s'impose une question : pourquoi certains praliniers ne vendent-ils pas de pralines au chocolat blanc ? Le prétexte qu'il ne s'agit pas de chocolat n'est pas la vraie raison. C'est souvent une question de savoir-faire. Il est, en effet, plus délicat de trouver des saveurs qui se marient bien avec le chocolat blanc, sans qu'il ne devienne écœurant. Mais il y a aussi le fait que le manque d'hygiène se voit plus vite sur le chocolat blanc ! Voici quelques pistes qui permettent de tester rapidement une praline :

- la couleur : celle du chocolat blanc doit tendre vers le blanc cassé et le jaune. Celle du chocolat au lait ne doit être ni trop claire ni trop foncée. Sa teinte sera homogène, sans marbrure. Enfin, le chocolat noir sera profond et intense ;

- la brillance : une praline doit être brillante, avec des reflets de "miroir" pour une praline moulée, et des reflets "satinés" pour une praline enrobée ;

• la coquille : elle doit être la plus fine et la plus régulière possible. Un chocolat bien équilibré dans ses matières premières et bien tempéré aura une cassure nette ;

Enseigne d'un chocolatier en Espagne, début XXe siècle. (Vevey, Alimentarium Fondation Nestlé.)

• l'arôme : une praline doit exhaler une saveur d'origine naturelle et non celle d'un extrait artificiel, le plus souvent écœurant et trop aigu. Le goût se passe rapidement en trois étapes : le premier goût, le goût principal et l'arrière goût en bouche et au palais, mais le goût final doit être encore celui du chocolat et non celui du sucre ;

• la fonte : la praline doit avoir une tendance spontanée à fondre, sans qu'on doive l'activer par des salivations et des mastications répétées;

• le décor : on doit pouvoir le manger sans altérer le goût de la praline.

Toutes ces caractéristiques réalisées doivent, enfin, vous donner l'envie secrète de vider en une seule fois le ballotin, de recommander aux amis une bonne adresse et de retourner au magasin non seulement pour acheter ce que vous avez déjà apprécié, mais pour découvrir en confiance des goûts inconnus !...

Enseigne d'un chocolatier à Milan, vers 1859. (Musée de Milan.)

Affiche publicitaire pour le chocolat Delacre. (Eupen, musée de la Chocolaterie Jacques

III. Les fabricants de chocolat belge

Pays de prédilection du chocolat, la Belgique compte dans son histoire récente de nombreux industriels qui ont développé une économie dynamique en lançant des lignes de produits et des marques de chocolat.

Grâce à l'esprit d'entreprise de ces pionniers au XIXe siècle, le chocolat est devenu l'un des produits emblématiques et renommés de la gastronomie belge.

La Belgique est, pour bien des raisons, le "pays du chocolat". Par la qualité de sa production, certes : la finesse du broyage, le rapport qualité-prix, les matières premières utilisées. Par le savoir-faire et la passion de ses grands et petits artisans encore plus sûrement !

Dans son best-seller *Thérapie*, l'écrivain David Lodge fait dire à son personnage Amy, à qui son psychiatre demande : "Pour toi, c'était bien ? Naturellement, j'ai répondu que c'avait été merveilleux, quoique pour être franche, il me soit

Affiche publicitaire pour le chocolat Menier, 1892. (Bruxelles, Archives de la Ville.)

arrivé de tirer davantage de plaisir d'un bon bain après une rude journée de travail, ou d'un chocolat belge de grande classe avec une tasse de café de Colombie moulu de frais. En toute honnêteté."

Quand le chocolat va...

L'industrie belge du chocolat se porte de mieux en mieux. Sa progression est constante depuis 10 ans. Dans l'ensemble, elle est passée de 146 000 t en 1984 à 340 000 t en 1993. La hausse la plus spectaculaire se situe dans le secteur du chocolat de couverture, qui affiche 10 % de progression.

La production du chocolat de couverture est destinée pour les 2/3 à l'exportation. Ce sont la France, les Pays-Bas et l'Allemagne qui en sont les principaux acheteurs. (En France, la Belgique vendait pour 6,5 millions en 1957. En 1992, le chiffre était de 6,6 milliards...) Quant au chocolat fini, signalons que le chocolat blanc est en recul, tandis que le chocolat noir fait un bond de 70 %. Hors de l'Europe, ce sont surtout, dans l'ordre, les États-Unis, le Canada et l'Australie qui sont nos trois clients les plus importants.

Évolution de la consommation

En ce qui concerne la consommation des ménages en chocolat, crème glacée et confiserie, on assiste à une montée impressionnante lors de ces 20 dernières années. L'INS propose trois points de comparaison : les années 77-78, 87-88 et 95-96.

77	4 221 F
87	5 878 F
96	7 661 F

Il s'agit du montant moyen par ménage et par an. Si l'on est loin du record de la consommation en produits alimentaires détenu par la viande (en 96 : 21 196 F), le chocolat se situe néanmoins à la même hauteur que le lait, par exemple (en 96 : 7 225 F).

Cette moyenne de consommation de chocolat peut être détaillée en 7 908 F pour la région flamande, 7 804 pour la région wallonne et seulement 5 958 F pour la région bruxelloise.

La production belge

La production du chocolat occupe 7 000 travailleurs en Belgique, dans 94 établissements (de plus de 5 ouvriers). Toutes les provinces, sauf celle de Namur, ont au moins un centre de production sur leur territoire. C'est la province d'Anvers qui en compte le plus : 32.

En région flamande sont répertoriées 73 entreprises, 13 en région wallonne et 8 en région bruxelloise. Quant au chiffre d'affaires, deux géants se détachent en tête des entreprises chocolatières : Callebaut, avec 19,2 milliards de CA en 1995, Kraft-Jacobs, avec 12,8 milliards de CA. Notons enfin que la Belgique est le premier importateur de cacao du monde. Nous importons 6 % de la masse du cacao (en tout : 2,5 millions de t, dont 60 % produits en Afrique) pour un nombre d'habitants qui représente 0,2 % de la population mondiale ! L'Europe consomme 60 % de la production mondiale de cacao.

Les Belges, des précurseurs

Les régions italiennes et "belges" furent les premières à prendre goût au chocolat, bien avant la France qui ne suivit pas l'exemple de ses reines : Anne d'Autriche et Marie-Thérèse. L'arrivée du cacao se fit naturellement par le port d'Amsterdam. Au XVIIe siècle, ce furent les Hollandais qui eurent la supériorité du transport commercial sur mer, la ravissant aux Espagnols.

En 1735, on pouvait lire dans le journal *Amusemens* (sic) des eaux de Spa que des dîneurs avaient ajouté un peu d'opium au chocolat servi après dîner afin de se débarrasser d'un convive ennuyeux. Ils neutralisèrent ainsi le trouble-fête lors du bal qui suivit...

Le marché global du chocolat en Belgique

Snacks (candy-bars)	24 600 t	(30 %)
Pralines	18 000 t	(22 %)
Tablettes	12 100 t	(15 %)
Bâtons	9 700 t	(12 %)
Articles saisonniers	4 700 t	
Morceaux	2 200 t	
Autres	2 100 t	
Chocolat de couverture (production)	180 000 t	

Seau de plage Côte d'Or, emballage de bouchées au chocolat.

Consommation du chocolat en Europe

Par an et par habitant

1. Suisse	8,8 kg	6. Pays-Bas	6,8 kg
2. Grande-Bretagne	8,0 kg	7. Autriche	6,7 kg
3. Norvège	7,8 kg	8. Irlande	5,7 kg
4. Allemagne	6,8 kg	9. Danemark	5,7 kg
5. Belgique	6,8 kg	10. Suède	5,6 kg

Il faut "relativiser" le chiffre suisse en tenant compte du nombre des achats effectués par les touristes (Français : 4,3 kg, Espagnols : 1,9 kg, Italiens : 1,8 kg, etc.)

Le goût des Belges

1. Chocolat fourré	36 %
2. Chocolat au lait	26 %
3. Chocolat fondant	19 %
4. Chocolat aux noisettes	13 %
5. Chocolat blanc	5 %
6. Chocolat au riz soufflé	1 %

Taux de pénétration du chocolat

En Belgique, le chocolat jouit d'un taux de pénétration nationale de 83 % ; on n'enregistre aucune différence marquante selon les régions.

- Agglomération bruxelloise ..... 85 %
- Wallonie ..... 84 %
- Flandre ..... 81 %

Emballage pour le chocolat César d'Anvers.

Par type de produit fini, on remarque néanmoins :
- chocolat fondant (41,6 %) à Bruxelles,
- chocolat au lait (71,6 %) en Flandre,
- chocolat blanc et au lait (46,3 %) en Wallonie. (Source : Institut national de statistiques.)

Un tramway nommé chocolat

Dans *L'Histoire des transports publics à Bruxelles* publiée par la STIB, on peut lire que la Société générale des Chemins de fer économiques fait irruption sur la scène bruxelloise en 1887. On les appelle les "Économiques". À l'origine, ils disposent de 34 voitures ouvertes et 20 voitures fermées. "Peintes en brun avec soubassement blanc-crème, les voitures des "Économiques" ne tardent pas à recevoir l'appellation populaire de "trams chocolats".
En avril 1910, l'exposition du Solbosch ouvre ses portes, dans le quartier qui deviendra par la suite celui de l'avenue F.-D.-Roosevelt et de l'université. Comme les précédentes "exhibitions", elle est pourvue d'un centre de réjouissances populaires, appelé "Bruxelles-Kermesse", reconstituant, non sans fantaisie, certains coins de la vieille ville sacrifiés au voûtement de la Senne. (En 1958, pour l'Expo ce sera la "Belgique Joyeuse"...).

Le jour de l'ouverture, on inaugure la ligne 33 (la ligne chantée par Jacques Brel dans *Madeleine !*) Pour se rendre à cette exposition, il faut parfois prendre un Tramway Bruxellois et un "Économique". Les habitués disaient seulement au contrôleur "Chocolat !" pour obtenir un ticket de correspondance. Quant au tarif, il est de type sectionnel sur une base de 5 centimes, avec minimum de 10 centimes en seconde et de 15 centimes en première classe. (Plus de 3 millions de visiteurs prendront le tram pour se rendre à l'exposition entre avril et août. Le 14 août, un incendie tragique clôt prématurément la manifestation.)

Vers la fin de 1913, on décide d'uniformiser l'aspect extérieur des voitures, tramways et autobus assurant les transports publics dans la capitale. Désormais, toutes les motrices et remorques seront peintes en jaune "primerose"...

Durant le "siècle des Lumières" (Aufklärung), la vogue du chocolat envahit réellement nos régions. Charles de Lorraine, alors gouverneur général des Pays-Bas autrichiens (de 1744 à 1780) était un grand amateur de chocolat et encouragea sa consommation.

À la cour de Bruxelles, on trouve trace dans un registre des comptes d'achat du prix de la livre de cacao: entre 35 et 50 sous. Montant à comparer avec le salaire d'un ouvrier non qualifié qui gagne de 8 à 9 sous par jour ! Déjà à cette époque, les fabricants (belges ou flamands avant la lettre) exportaient le chocolat par blocs gravés à leurs armes. Les Belges étaient des précurseurs puisqu'il fallut attendre 1770 pour que soit inaugurée en France la première chocolaterie industrielle.

Néanmoins, la consommation de la boisson chocolatée demeure peu importante par rapport à celle du café ou du thé. (Ces trois boissons ont en commun leur arrivée en Europe occidentale aux XVIe et XVIIe siècles et leurs racines plongeant dans les mythes fondateurs des civilisations qui virent leur naissance.) On pense dès lors que le fait de posséder un service à chocolat et une chocolatière servait surtout à faire valoir son élévation dans la hiérarchie sociale. En 1967, dans *Civilisation matérielle et capitalisme*, F. Braudel écrit à propos de la mode du chocolat en ce temps-là : "Les grands en prennent quelquefois, les vieux souvent, le peuple jamais." Ce que confirme Da Ponte, le librettiste de Mozart, dans l'opéra *Cosi fan tutte* en 1790, en mettant dans la bouche de la soubrette Despina ces paroles : " Du chocolat, je ne goûte que l'arôme. Oui, belle, c'est vous qui allez le boire, et moi, je me contente de le voir."

Le XIXe siècle, celui des pionniers

En 1840, la firme Berwaerts annonçait sa vente de chocolat en tablettes, en pastilles et en figurines. Une douzaine de chocolatiers s'installèrent pendant le règne du premier roi des Belges, Léopold Ier : parmi eux Meurisse à Anvers (1845), Delannoy et Joveneaux à Tournai (1847 et 1848), Neuhaus et Senez-Strubelle à Bruxelles (1857 et 1860). C'est à

Le pavillon Côte d'Or à l'Exposition universelle et internationale de Bruxelles, 1935.

l'extrémité de la rue Neuve, à côté de l'aristocratique chocolatier Meyers, que s'étalaient les quatre vitrines de Senez-Strubelle. On y vendait des tablettes de chocolat à 15 centimes avec une vignette de la collection "Histoire de Belgique". Les écoliers de la fin du siècle dernier collectionnaient déjà et s'échangeaient leurs images patriotiques. L'Union des patrons pâtissiers voit le jour en 1887 et, deux ans plus tard, elle engendre elle-même une "Chocolaterie des patrons pâtissiers".

Le xxe siècle, celui du chocolat belge

Au début du XXe siècle, la production du chocolat s'intensifie et les petits artisans se mécanisent. En 1905, on compte une cinquantaine de chocolateries en Belgique, dont les plus célèbres fabriquent les marques Baron et Martougin, toutes deux implantées à Anvers.

"C'est en 1902 que, tout jeune, riche de son seul enthousiasme et de sa volonté, ce Wallon vint s'établir à Anvers et y forma notre chocolaterie, lui donnant, prétentieusement pour l'époque eu égard à son importance et à ses possibilités, le nom de "chocolaterie modèle", lit-on dans une plaquette imprimée à la disparition d'Alfred Martougin en 1952.

Dès 1910, on peut dire que l'industrie chocolatière belge est une des meilleures du monde. Dans le même temps, le produit se démocratise et devient un vrai produit de consommation. C'est le complément indispensable et recherché de la nourriture des enfants. Toutes les classes de la population, et plus seulement la composante aisée comme auparavant, peuvent s'en procurer. L'achat de chocolat est régulier et ne concerne plus uniquement certaines grandes occasions, comme Pâques ou Noël. L'argument de vente du chocolat peut se résumer par le terme "optimisme".

Pourquoi le chocolat belge est-il le meilleur du monde ?

Cinq raisons objectives sont avancées pour justifier la réputation du chocolat belge :

1. La qualité des fèves utilisées en Belgique est excellente. On y choisit avec soin leur origine et on surveille la façon de les travailler.
2. On apporte un soin spécial à la torréfaction et au broyage. (On descend à 12 microns, alors qu'en Grande-Bretagne, par exemple, on broie à 24 microns.)
3. La qualité des divers ingrédients, comme le sucre, est également supérieure.
4. Le taux de cacao minimum est de 35 %, mais en pratique il est le plus souvent de 43 %.
5. Le savoir-faire et la passion qui motivent nos petits et grands artisans.

Chocolatière, 1758. (Château de Seneffe, collection d'Allemagne.)

Les grandes pointures du chocolat belge

• Baptista

La société Baptista fut fondée en 1984 par Marc Baptista. Le chocolat fut choisi pour sa renommée internationale. Pendant un an, l'entreprise débutante fit des essais auprès d'une clientèle réduite et judicieusement choisie afin de fixer une gamme de produits. Ensuite, on développa les ventes à Bruxelles et en province. Établie à Bruxelles, en 1992 la société déménage dans un immense hall de 1600 m^2 de la banlieue sud pour y mettre en œuvre une ligne de production automatique avec une capacité de 15 t par jour. Ce qui lui assure un essor à l'exportation.

Les produits Baptista sont essentiellement des bâtons de chocolat de 70 et 50 g, ainsi qu'un format de 43 g inspiré des "candy bars" mais en gardant les critères propres au chocolat. On propose aussi des rochers et des pralines, diffusés en ballotins ou en emballages individuels. La société a choisi des emballages non traditionnels qui mettent en valeur une présentation originale et écologique.

(Baptista, 52, chaussée de Nivelles, 1461 Ittre. Tél. : 02.366.02.69. Fax : 02/366.35.39).

• Barry Callebaut Belgium

Les cinq frères Callebaut fondent à Wieze en 1850 le complexe industriel "Gebroeders Callebaut", dont chacun prend en charge une spécialité : usine d'eau minérale, brasserie, laiterie, minoterie, etc. En 1911, on y ajoute une section chocolaterie dont le succès est tel qu'elle supplantera les autres.

Quelques dates :

1930 : création de la chocolaterie Callebaut.

1981 : reprise par la firme suisse Interfood.

1983 : Klaus J. Jacobs rachète Interfood.

Emballage de chocolat Callebaut.

1990 : Klaus J. Jacobs rachète le fabricant de chocolat de couverture britannique Lesme.

1992 : création de Callebaut Asia Pacific.

1995 : le groupe Klaus J. Jacobs Holding est créé, réunissant notamment C.J. Van Houten et Callebaut AG.

1996 : reprise par Klaus J. Jacobs de Cacao Barry. Création de Barry Callebaut. Aujourd'hui, le groupe se compose de 19 entités de production en Europe, Afrique, USA et Asie. Ce groupe "géant" traitera 11 % de la production mondiale de fèves de cacao, avec des ventes estimées à 45 milliards de FB. L'alliance de deux groupes leaders pour créer :

- un leader mondial du service client.
- un leader mondial en fourrage/pâte à glacer.
- un leader mondial du cacao au chocolat.

Spécialités:

Le chocolat de couverture est proposé sous trois formes :

1. Solide, en blocs de 5 kg à 1 t.
2. Solide, en pastilles prévues pour les artisans, mises en sacs de 2,5 ou 10 kg.

3. Liquide, dans des camions-citernes de 10 ou 20 t. La forme liquide représente 70 % du volume produit.
Barry Callebaut Belgium propose une gamme de 600 préparations de chocolat, ce qui est un record absolu dans l'industrie chocolatière. 70 % de la production sont exportés.
(Barry Callebaut Belgium N.V,
122, Aalstersestraat,
9280 Lebbeke-Wieze.
Tél. : 053/73.02.11.
Fax : 053/78.04.63).

• Belcolade

En 1987, la société Puratos fonde Belcolade, dont la production débute en octobre de l'année suivante. Installée à Aalst-Erembodegem, elle propose un "Real chocolate from Belgium" (Belcolade s'enorgueillit d'être 100 % belge), un chocolat de couverture sous forme liquide, de pastilles et de blocs et des fourrages à base de noisettes ou de fruits et des produits, tels que les copeaux de chocolat, destinés aux professionnels. Son réseau s'étend dans 80 pays. Depuis 1994, Belcolade a fondé une société aux États-Unis. Sa production de chocolat et de fourrage est de 20 000 t et son CA de 1,8 milliards de francs.
(Belcolade, 16, Industrielaan
9320 Aalst-Erembodegem.
Tél. : 053/83.96.00.
Fax : 053/83.89.38).

• Bruyerre

En 1909, Monsieur Léon-François Bruyerre installe un commerce de gros en denrées alimentaires à Gosselies. Rapidement, il rachète une biscuiterie, ce qui lui permet d'étendre son commerce et de se lancer dans la fabrication de matières premières et d'équipements destinés aux boulangers-pâtissiers ainsi que d'une ligne de chocolats et de confiserie haut de gamme.

Quelques dates :
1937 : la maison Bruyerre devient la SPRL Usines Bruyerre, spécialisée dans la mise en conserve de fruits, la fabrication et la commercialisation de matières premières pour l'industrie de la boulangerie et de la pâtisserie, la fabrication de massepains et pâtes d'amandes ainsi que de chocolats et pralines.

Nostalgie : Le parfum du chocolat et Tintin

Alors que la chocolaterie a été fondée au siècle dernier près de la gare du Nord, pour quelques générations le départ ou le retour de voyage (et le transit quotidien des navetteurs) à la gare du Midi ont été synonymes de chocolat Côte d'Or... et de bande dessinée. En effet, l'enseigne lumineuse de la tête de Tintin surplombait son immeuble au coin de la place Bara depuis 1958

Hergé : planche tirée de la première édition des Cigares du pharaon *(éd. Casterman).*

(l'inauguration avait été faite par Paul-Henri Spaak et Hergé), bien avant l'excellente initiative des Circuits de la BD en ville et de l'installation du musée de la Bande dessinée. Cette image était liée au parfum exotique et persistant qui émanait de la chocolaterie de la rue Bara, et embaumait toutes les rues avoisinantes. Des sensations qu'éprouvèrent sans doute aussi les voyageurs étrangers, par exemple les Parisiens, qui sortaient des trains TEE avant que le sigle TGV ne modernise l'architecture du bâtiment comme celle du quartier tout entier.
En 1996, Neuhaus innove en commercialisant des boîtes métalliques Tintin qui contiennent des chocolats emballés dans un papier reproduisant certains extraits des fameux albums de Hergé.

Les cours du collège Callebaut

Impressionnant ! Tous les visiteurs ont le même étonnement face aux bâtiments de la célèbre chocolaterie de Wieze, près d'Alost. Parmi eux, les "élèves" (pralineurs, professionnels étrangers...) qui suivent les sessions de trois jours, au cours desquelles les spécialistes de Callebaut enseignent, en quatre langues, l'art de travailler le chocolat.

La grande consommation

Trois axes président aux efforts de la société Barry Callebaut : la grande consommation, l'industrie et l'artisanat. La production de chocolats destinée au grand public est un retour aux sources avec le slogan "Callebaut, the original". "Plus qu'un but commercial, il s'agit d'une envie de rester en contact avec le consommateur final. Ce qui permet de suivre les goûts et les tendances de celui-ci", commente pour la division Consommateurs, Jean-Didier Boucau, responsable chez Callebaut. On retrouve donc dans les rayons des magasins d'alimentation des barres Callebaut (les chocolats aux noisettes; les Callebaut de 50 g "3x4", au format original avec des goûts nouveaux : caramel, coco, exotic, moka, 62 % cacao...), des tablettes Callebaut (les tablettes de 200 g fourrées aux fruits : vanille, pistache, panaché, fraise, banane et noix de coco), ainsi que les granulés de chocolat (100 % chocolat, aux grains brillants et fins et aux emballages amusants pour les enfants...). Mais depuis deux ans des nouveautés s'ajoutent : Matinettes (une tablette ultrafine pour les tartines), Callets Dessert (des gouttes de chocolat accompagnées de recettes pour les cuisiniers en herbe), Choc'idée (des coupelles, des décorations), Classics (des mini-tablettes emballées individuellement).

L'usine Callebaut à Wieze au début du XXe siècle.

Barry Callebaut et l'industrie

"Plus de 80 % de notre chiffre d'affaires sont réalisés auprès des industriels du chocolat dont 70 % à l'exportation", explique Pierre Vermaut, administrateur délégué de Barry Callebaut. Pour ses clients, Callebaut propose 600 recettes. Cela ne veut pas dire autant de goûts différents, car la variété des recettes peut aussi jouer sur des éléments comme la viscosité, par exemple. Le service est complet et la qualité constante. À ce propos, très régulièrement, des équipes testent les produits en leur attribuant des qualificatifs pour le goût : sucré, doux amer, rafraîchissant, fruité, etc., et des attributs comme brûlé, chimique, oxydé, etc.

La salle des tests jouxtant le laboratoire informatisé est déjà en soi une surprise au cours de la visite des établissements Barry Callebaut. À la moindre hésitation, une équipe de testeurs est convoquée et mise à l'épreuve. Les décisions ne se prennent pas à la majorité mais bien en collégialité : il faut l'unanimité des testeurs volontaires. De plus, une équipe de chercheurs se consacre à découvrir de nouvelles applications pour le chocolat (le chocolat glacé, de nouvelles spécialités, l'association biscuit et chocolat...). Le chocolat industriel est livré pour les 3/4 sous forme liquide. Les camions citernes sont remplis avec un luxe de précautions (qui est partout de mise dans l'usine).

Emballage du bâton de chocolat Salvator qui inaugura la production du chocolatier Callebaut.

On peut également livrer le chocolat liquide en conteneurs. (Dans ce cas, ceux-ci peuvent être laissés sur place pour deux ou trois semaines.) Pour le reste, le chocolat se présente sous forme de pastilles, les Callets (qu'on peut même travailler au micro-ondes), ou de blocs de 5 kg. Évidemment, les professionnels demandent du chocolat Type 811, quand ils souhaitent le "chocolat amer au goût corsé" ou du Type W11 quand il s'agit du "chocolat blanc très sucré"... un langage d'initié qui amuse toujours les profanes.

Barry Callebaut et les artisans du chocolat

Les artisans du chocolat, ce sont non seulement les petits praliniers, les boulangers et les pâtissiers, mais aussi les hôtels, les restaurants, les cafés, les tea-rooms. Car, en effet, la marque Callebaut est présent jusque dans les desserts au chocolat ou dans les glaces au chocolat d'une série impressionnante de grandes tables ou de grandes marques. Citons Häagen-Dazs et le restaurant Ledoyen à Paris, mais aussi tous les grands de la gastronomie dans le monde (et Callebaut se présente alors comme un réel ambassadeur de notre chocolat de qualité) ou chez nous, puisque Comme Chez Soi, La Villa Lorraine ou Chez Bruneau sont des utilisateurs convaincus de Callebaut.

Le fameux collège Callebaut s'ouvre aussi à ces spécialistes du chocolat et à leurs collaborateurs pour mieux comprendre et mieux se servir du chocolat, dans toutes ses déclinaisons. Des guides sont par ailleurs édités à leur intention. Ils donnent des recettes de pâtisserie et de brioches, mais aussi de sauces, de décorations ou de pralines. Sans oublier une bande dessinée retraçant l'histoire de la famille Callebaut et qui donne des explications claires sur la fabrication du chocolat. Par exemple, le "laminage", qui affine la pâte de chocolat en la broyant entre les cylindres de plus en plus rapprochés jusqu'à la réduire en une poudre d'une extrême finesse. Ce broyage réellement très fin est une des raisons de la supériorité du chocolat belge.

1941 : Monsieur Léon-François Bruyerre meurt et sa femme, aidée de ses deux filles qui ont épousé Monsieur Émile Collet et Monsieur Maurice Collet, lui succèdent. Durant la Seconde Guerre mondiale, la production cesse et il faudra la relancer par la suite. Afin de concentrer l'investissement, seuls la production de pralines de luxe, le négoce de matières premières et celui de machines et matériels de froid pour la boulangerie-pâtisserie sont maintenus.
1980 : la SPRL devient une société anonyme. C'est alors que la troisième génération de la société Bruyerre Collet reprend le flambeau.
1987 : la SA Usines Bruyerre se scinde en quatre sociétés anonymes distinctes coiffées par un holding financier et immobilier : Usines Bruyerre SA, Belgram Equipment SA, Bruyerre Équip' Tout SA et Le Chocolatier Bruyerre SA.
1992 : décès de Monsieur Thierry Collet, qui avait implanté les spécialités en Grande-Bretagne, France, Japon et Amérique du Nord. Sa femme, Fabiola Collet, assure la fonction d'administrateur délégué en collaboration étroite avec Jean-Pierre Collet, administrateur délégué du groupe Bruyerre.

Aujourd'hui, la production annuelle est de 150 t de pralines réparties en plus de 75 sortes. L'esprit d'antan est demeuré car seuls les meilleurs ingrédients sont sélectionnés et, pour bon nombre des produits, une finition manuelle est privilégiée. Bruyerre est parmi les rares chocolatiers belges qui produisent encore leurs propres fourrages. Par exemple, il torréfie toujours lui-même les noisettes importées de Turquie.
"Dans un contexte économique, où la production de produits alimentaires se dirige de plus en plus vers la production de masse, déclare Thierry Schamp, directeur commercial, le chocolat avec ses infinies variétés permet encore à l'artisan d'exprimer tout son talent, et cela dans la plus pure tradition belge".
(Le Chocolatier Bruyerre. SA 47, chaussée de Bruxelles - 6041 Gosselies. Tél. : 071/85.22.42. Fax : 071/85.33.38).

• Cacao Goemaere

Installé à Drongen (Gent) depuis 1888, il fabrique du chocolat de couverture. Demeurée familiale durant 85 ans, la firme est rachetée en 1973 par le groupe français Cacao Barry (fondé en 1842), qui compte une douzaine d'usines dans le monde. (Le Belge Albert Frère possède, depuis 1994, 49 % des parts du groupe...) Son CA est de plus de 3 milliards par an. Michel Goemaere, son directeur général, affirme que la société parvient à combiner les avantages d'une multinationale avec ceux d'une PME. Cacao Barry est repris par Klaus Jacobs en 1996 et devient Barry Callebaut.
(Cacao Goemaere, 6, Industriegebied Drongen-Booiebos, 9031 Drongen. Tél. : 09/282.55.11. Fax : 09/282.63.99).

• Chocolaterie Guylian

La chocolaterie a été fondée en 1960, lors du mariage de Guy et Liliane Foubert, d'où le nom "Guylian", combinaison de leurs prénoms. Guy Foubert, né dans une famille de neuf enfants, grandit dans la boulangerie de ses parents et s'inscrivit à l'École de confiserie et de pâtisserie d'Anvers où il développera un don inné pour les pralines de qualité. Il débuta en vendant sur les marchés locaux des truffes "faites maison". En 1988, Guylian déménage dans de toutes nouvelles installations à Sint-Niklaas, à une vingtaine de kilomètres d'Anvers. Lorsque Guy Foubert décède en 1986, sa fille Dominique, alors âgée de 22 ans, étudiante en Angleterre, reprend la direction de la société. Son mari développera le "marketing" et l'image de Guylian, en particulier pour la grande distribution et le duty-free dans le monde entier.

Spécialités :

Les Fruits de Mer en chocolat : fourrés au praliné noisettes Guylian, sont appréciés à travers le monde. Les ingrédients proviennent des meilleures récoltes de cacao en Afrique occidentale et des noisettes méditerranéennes les plus savoureuses.

Cette merveilleuse spécialité de Guylian réunit onze formes marbrées d'une beauté chatoyante. Aujourd'hui, ces exquises créations en chocolat sont incontour-

Guylian : les célèbres Fruits de Mer en chocolat

En 1960, Guy et Liliane Foubert débutent en fabriquant des truffes en chocolat. Comme elles se vendent surtout en hiver, ils souhaitent trouver un équivalent pour le printemps et l'été. Et pourquoi pas des Fruits de Mer en chocolat? Guy Foubert fût le premier à adapter la technologie moderne pour produire ses célèbres Fruits de Mer en chocolat en grandes quantités. Aujourd'hui dans l'usine de Sint-Niklaas (l'installation couvre plus de 25000 m^2) et malgré des techniques de production très sophistiquées, la recette originale mise au point par Guy Foubert en 1958 n'a pas changé. La production est en grande partie automatisée et le secret des procédés de fabrication reste minutieusement gardé.

Une recette originale

Quel secret rend ce produit unique en son genre ? Pour réussir une recette, il est évident qu'il faut partir d'ingrédients d'une qualité irréprochable. Le chocolat est préparé à base d'un mélange des meilleures fèves de cacao d'Afrique occidentale, un domaine dans lequel la Belgique s'est taillée une réputation de qualité internationale. Les noisettes proviennent des meilleures cultures du bassin méditerranéen. Elles font l'objet d'une sélection très sévère d'après leur calibre et leur qualité pour garantir le goût Guylian. Elles sont grillées et caramélisées dans les traditionnels chaudrons de cuivre. À cette étape de la production, l'expérience du maître chocolatier est déterminant pour décider du niveau de caramélisation. Une fois l'opération terminée, les noisettes sont broyées et entrent dans la préparation d'une pâte fine. Il suffit alors d'ajouter le chocolat pour obtenir le célèbre praliné. Guylian utilise trois sortes de chocolats, lait, noir, blanc et c'est le mélange des trois qui permet d'obtenir le fameux marbrage des Fruits de Mer Guylian.

Une création artistique

Les Fruits de Mer Guylian constituent une collection unique dans le genre et sont l'œuvre d'un grand artiste. Chaque forme a été minutieusement étudiée, conçue et sculptée dans de la terre glaise, avant de donner forme au plâtre qui permettra de fabriquer le moule.

La collection Guylian réunit onze formes différentes. Chaque bonbon de chocolat, coulé dans un moule soigneusement étudié, comporte la lettre "G", signature de l'excellente qualité Guylian ; une estampille qui permet aux consommateurs du monde entier de vérifier l'origine des Fruits de Mer Guylian.

Conjuguant art et tradition, ces créations Guylian occupent une place privilégiée parmi les meilleurs chocolats belges.

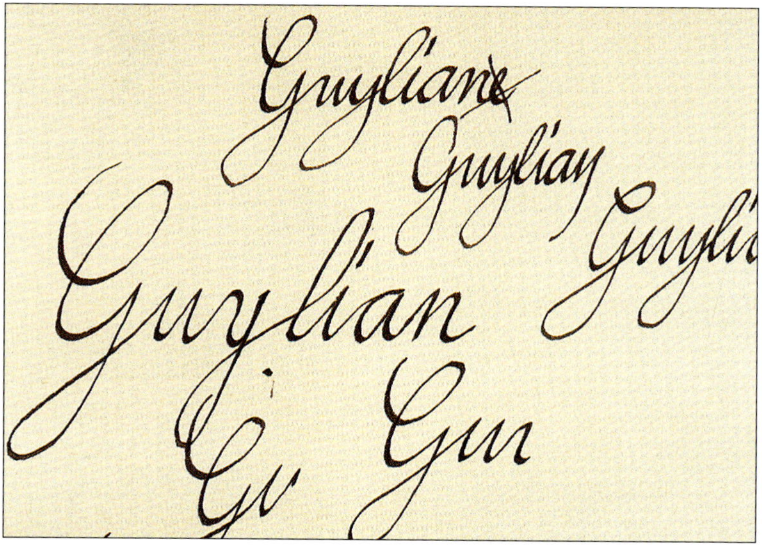

nables sur les marchés internationaux du chocolat et la diversité des conditionnements permet de répondre à tous les besoins de la vente au détail. Outre le succès sans cesse croissant des Fruits de Mer en chocolat, Guylian doit aussi sa réputation de leader sur le marché international du chocolat à la création de nouveaux produits-concepts.

La Trufflina : en 1992, Guylian lance un nouveau concept de truffe-praline, la Trufflina, préparée d'après les recettes de Guy et Liliane. La Trufflina s'inspire d'une histoire d'amour avec, en toile de fond, l'extravagance de la Venise du XVIe siècle. L'histoire de la Trufflina commence lorsqu'un riche confiseur tombe amoureux fou d'une noble Vénitienne. Le confiseur éperdu lui fait la cour en lui offrant ce qu'il fait de mieux : ses pralines. La sélection de chocolat au lait, de fondant et de chocolat blanc de la "Trufflina" traduit la nature changeante de son inspiration. Le fourrage crémeux de la truffe est amoureusement enrobé de chocolat et couvert de délicieux copeaux de chocolat extra-fin, le tout joliment présenté dans une délicate collerette plissée.

Opus : fort du succès de la Trufflina, Guylian élargit sa gamme de produits avec Opus en 1995 et la Perlina en 1996, les Poussins du P'tit Guy et la Canasta.

Les créations de Guylian sont vendues dans plus de 140 pays. L'unité de fabrication de Sint-Niklaas s'agrandit constamment et permet de produire chaque jour plus de 75 t de bonbons de chocolats grâce à une installation entièrement automatisée. Dans le secteur des chocolats belges en boîte, Guylian se situe en première position ainsi que sur les marchés internationaux de duty free. Les Fruits de Mer au chocolat Guylian sont parmi les cinq produits les mieux vendus. Guylian ne possédant pas son propre réseau, la vente au détail se fait dans les grandes surfaces du monde et les magasins de confiserie, les praliniers, les boulangers, etc.

La vente des Fruits de Mer au chocolat n'a cessé d'augmenter. C'est pourquoi la société a régulièrement modernisé les emballages qui ont contribué à la notoriété de Guylian.

GUYLIAN
GUYLIAN
GUYLIAN
GUYLIAN
GUYLIAN
GUYLIAN
GUYLIAN

JACQUES

La diversité des conditionnements permet de répondre à toutes les demandes et tous les types de vente.
(Chocolaterie Guylian, 1, Europark-Oost, 9100 Sint-Niklaas.
Tél. : 03/760.97.00.
Fax : 03/777.06.81).

• Chocolaterie Jacques

Elle a été créée en 1890 par Jean-Antoine Jacques, fils d'un fermier de Louveigné. Il débute d'ailleurs en créant la marque Le Semeur... La marque qui porte son nom fut lancée officiellement en 1896. Après son rapprochement avec un groupe d'industriels verviétois en 1920 et son installation à Eupen en 1923, la chocolaterie se développera très vite. En 1982, l'entreprise rejoint le groupe allemand Stollwerck-Sprengel. En 1987, c'est la mise en route d'une nouvelle unité de production. Elle reçoit le prix Wallonie pour l'exportation en 1993. Jacques produit du chocolat de couverture et une gamme de classiques pour les particuliers : des bâtons de 50 g, des tablettes de 200 g, des paquets de 400 g de napolitains. Aujourd'hui, 250 personnes travaillent dans la chocolaterie pour une vente annuelle de 25 000 t, dont 79 % à l'exportation vers 25 pays. Depuis 1994, Jacques propose le "Royaume du Chocolat" qui comprend la visite de l'usine, du musée permanent du Chocolat et d'un "Espace chocolat" (Tél. pour les visites : 087/ 59.29.67).
(Chocolaterie Jacques,
16, Industriestrasse, 4700 Eupen.
Tél. : 087/59.29.11.
Fax : 087/59.29.29).

Part de fondateur de la chocolaterie Jacques à Verviers, 1920. (Eupen, musée de la Chocolaterie Jacques.)

• Cocachoc

La société Cocachoc a été fondée en 1979. Elle est spécialisée dans le chocolat et le biscuit. Cette entreprise familiale (dont le General Sales Manager est M. Marcel Caeyers) produit et distribue dans deux secteurs : celui de l'alimentation traditionnelle (grandes surfaces, discounts, supermarchés, Cash & Carry's grossistes) et celui des hôtels, restaurants, caterings. En 1989, le CA de Cocachoc était de 90 millions de FB (20 employés), en 97 il est de 370 millions de FB (32 employés).

Cocachoc produit des truffes aux paillettes de chocolat au lait, des rochers à la noix de coco râpée enrobés de chocolat fondant de différentes saveurs : rhum, café, fraise, et banane, ainsi que des candy-bars (Bouchée coco). Tous ces produits sont vendus aux caisses des supermarchés, dans les Tax-Free, les confiseries, les stations d'essence et les rayons confiserie des grandes surfaces.

Cocachoc propose aussi des produits saisonniers et des chocolats creux. Les boîtes colorées contenant 7 figures (100 g), sont fabri-

L'aventure des chromos

Le terme "chromo" (qui vient de "chromolithographie") est péjoratif et désigne une reproduction en couleurs de mauvaise qualité. C'est pourtant ainsi qu'on désigne dès la fin du XIXe siècle les vignettes qu'on place dans les emballages des paquets de chocolat. La chocolaterie Jacques est représentative de cet engouement. Elle lance en 1905 une série en créant la marque de chocolat "Le Semeur". Au dos de l'emballage, on peut lire : "J'ai l'avantage d'offrir à ma nombreuse clientèle une jolie collection de 126 chromos différents, dont il se trouve un exemplaire dans tout paquet de chocolat "Le Semeur". Quiconque me l'enverra complète dans l'album Semeur (coûtant 1 F chez mes clients) recevra en échange une prime de 12 F en chocolat."

Les images dépeignent les nomades, les oiseaux exotiques, la culture du cacao, du thé ou du café, les monnaies, les éléphants, etc.

Peu après sa fondation en société anonyme, la chocolaterie Jacques distribue de petits chromos destinés à être collectionnés dans des albums de 21 sur 18 cm. On y trouve les inventions, les peuplades, les faits historiques, les jeux...

Gloire au football

En mars 1931, le bâton de chocolat Jacques apparaît pour la première fois tel qu'il existe aujourd'hui. Si les tablettes contiennent des cartes postales, c'est aussi la période où la distribution de petites images et photos, glissées dans les emballages, commence. À l'instar d'autres fabricants, Jacques crée les marques "Champion" et "Idéal Star" contenant des photos d'artistes ou de vedettes d'autres disciplines. La marque "Goal" contient une photo de footballeur destinée à un album qui peut en contenir 120.
En octobre 1937 naît le "chevalier Jacques". L'année suivante, l'attachement de la population belge au roi Léopold III et à la reine Astrid est l'occasion de distribuer des vignettes dépeignant la famille royale. Une première série sera suivie en 1939 d'une seconde comptant chacune 96 chromos.

C'est en 39-40 que voit le jour une des plus belles collections que Jacques ait créées : "Auto, avions et marine de guerre", un ensemble de 360 petits chromos et 18 grands, illustrant les divers aspects de ces disciplines. Malheureusement, les événements tragiques de la guerre vont, pour beaucoup de collectionneurs, en interrompre la distribution laissant ainsi, pour toujours, des places vides dans de nombreux albums.

Quelques titres parmi les nombreux albums parus après 1945 : *Rétrospective de la locomotive* (52), *À l'assaut des étoiles* (63), *Géographie de la Belgique* (70), etc.

Le chevalier Jacques.

Notons, pour les collectionneurs, en 1985 et 1988 des images *Quick et Flupke* destinées à être collées dans un album ou sur un calendrier.

Le petit Spirou

Aujourd'hui, à plus de 100 ans, la chocolaterie Jacques choisit de remonter dans le temps en relançant et actualisant les chromos qui ont fait sa gloire. Elle glisse dans les emballages de trois nouvelles variétés de chocolats (Twinko, Kiko et Krako) 24 images inédites à collectionner et à coller dans un livret intitulé "Le Secret du bâton". La vedette de ces images, c'est le petit Spirou, personnage créé par André Franquin et repris par Tome et Janry. Dans le futur, la chocolaterie Jacques continuera à développer d'autres thèmes de collections.

quées en deux sortes de chocolat: la moitié supérieure en chocolat blanc et la moitié inférieure en chocolat au lait. le dos de l'emballage peut être colorié par les enfants. Ce produit est également disponible en emballage individuel. Samson (en forme de chien), Charly Duck (en forme de canard), Surprise (en forme de saint Nicolas) et Merry Christmas (en forme de Père Noël).

La société est aussi spécialisée dans la production de truffes au chocolat en emballages individuels de 5 g, 7,5 g, 10 g. Ces truffes sont vendues par l'intermédiaire de grossistes et de sociétés fournissant les hôtels, restaurants et cafés. Dans le secteur "traiteur", les produits sont servis avec une tasse de café ou de thé. Ils sont disponibles sous le label Cocachoc ou avec le logo du client.

Deux nouveaux produits sont mis sur le marché :

- un bâton de chocolat au lait de 100 g, 50 g et 30 g composé de nougat fin, d'amandes et de miel. Il est aussi disponible en boîtes de 24 ou 60 pièces,
- un biscuit au beurre avec du chocolat (au lait ou noir) de 125 g, aussi disponible en boîte de 16 pièces.

Cocachoc produit 55 % de ses marchandises pour l'exportation, secteur dirigé par M. Roger Hamblok. Les principaux pays acheteurs sont les Pays-Bas, la France, le Japon, l'Allemagne, le Danemark, l'Irlande, l'Espagne, l'Italie, la Finlande, l'Autriche, l'Afrique du Sud, la Russie, les États-Unis et le Canada.

(Cocachoc, 49, Toekomstlaan, 2200 Herentals. Tél. : 014/25.96.00. Fax : 014/22.44.43).

Léonidas Kestekidès, fondateur de Léonidas.

• *Confiserie Léonidas*

Léonidas Kestekidès est installé au début du siècle aux États-Unis. Il prend part, en qualité de membre de la délégation grecque des USA, à l'Exposition universelle de Bruxelles en 1910, puis à l'Exposition universelle de Gand en 1913. Il s'éprend d'une belle Bruxelloise, l'épouse et décide de s'implanter en Belgique. Il ouvre des magasins à Bruxelles, Blankenberghe et Gand. Le succès est immédiat et entraîne un énorme débit de vente qui ne cesse de croître et permet, aujourd'hui encore, d'offrir la meilleure qualité de praline – la plus réputée mondialement pour sa fraîcheur – au meilleur prix.

Quelques dates :

1913 : fondation à Gand.

1935 : Basile Kestekidès reprend la succession et crée un magasin boulevard Anspach à Bruxelles.

1970 : la sprl devient une société anonyme.

1983 : en plus de l'usine installée rempart des Moines, au centre de Bruxelles, création d'une deuxième usine, boulevard Graindor à Anderlecht.

Et si la poésie était du chocolat

Et si la poésie était du chocolat
Que les oreilles goûteuses
Dégusteraient
À longueur de jour et de nuit
Dans la musique de la voix
Et si la poésie était si bonne à dire
À redire, à entendre, à chuchoter tout bas
Le soir ou à minuit
A minuit, même parfois
En laissant dans sa bouche
Fondre du chocolat
Avec du bon frais café
Si frais qu'il en est vert
Eh bien !
Si la poésie était du chocolat
moi
Je l'appellerais "Galler".

(Julos Beaucarne, Tourinnes-la-Grosse.
Le 22 avril 1992, extrait du *Manifeste du goûteur gourmand*.)

1993 : création d'une troisième usine rue Prévinaire, à Anderlecht.
Léonidas possède 1750 points de vente dans le monde. New York city, Chicago, Atlanta, Bahrain, Koweit, Varsovie, Gdansk, Bergame, San Sébastian, Palma de Mallorca, Athènes, Cologne, Berlin, Francfort, etc. Son CA en 95 est de 3 milliards. Léonidas produit les 2/3 des pralines belges.

Spécialités :
Plus de 83 sortes de pralines, toujours vendues en vrac.
Entre 1980 et 1995 sont inventées : la praline "Casanova", le "Carré croquant" au riz soufflé, le "Tutti-Frutti" au chocolat blanc, etc.
Le "manon Léonidas" : Léonidas a remplacé le sucre fondant du "manon" classique par de l'enrobage de chocolat blanc, et la noix par une noisette grillée.
(Confiserie Léonidas,
43, boulevard J.-Graindor,
1070 Bruxelles.
Tél. : 02/522.19.57.
Fax : 02/522.09.43).

• Côte d'Or

Charles Neuhaus crée en 1870 une chocolaterie dans la rue des Palais à Schaerbeek. En 1889, Joseph Bieswal, originaire de Furnes, rachète la société.
En 1895, il revend le bâtiment à Lambert Michiels, confiseur de Tirlemont, pour s'installer dans un autre bâtiment plus moderne, rue des Palais. Mais l'un et l'autre doivent quitter les lieux en 1899 suite à l'expropriation en cours pour la construction de la gare du Nord.
Bieswal et Michiels s'installent ensemble dans une ancienne meunerie de la rue Bara, à Anderlecht. Ils fusionneront en 1906 en créant la société Alimenta.

Quelques dates :
1883 : dépôt de la marque "Côte d'Or".
1906 : création de la firme Alimenta. Première apparition du logo et de l'éléphant.
1911 : Alimenta devient coopérative. Lancement du paquet de chocolat sous le célèbre papier blanc et or.
1929 : Victor Michiels est nommé président, après la mort de Lambert Michiels (1923) et de Joseph Bieswal (1929).
1935 : participation à l'Exposition universelle de Bruxelles.
1940-46 : Congobar remplace Côte d'Or.
1958 : participation à l'Exposition universelle de Bruxelles.
1961 : Jean Michiels exerce la présidence au décès de Constant-Victor Michiels.

1964 : création de la société Côte d'Or.

1972 : Jean Michiels se retire des affaires et Paul Bieswal devient président. Création de Côte d'Or France et Côte d'Or Nederland.

1974 : construction de l'usine de Seclin.

1975 : Vincent Bieswal est nommé président.

1977 : Baudouin Michiels exerce la présidence. Installation d'un entrepôt à Halle.

1978 : création de Côte d'Or en Suisse et au Royaume-Uni.

1982 : création de la société Côte d'Or of America.

1983 : célébration du centenaire de la firme.

1984 : introduction de l'action en Bourse.

1985-86 : parrainage du voilier *Côte d'Or* avec Éric Tabarly.

1987 : reprise par le groupe Jacobs Suchard.

1989 : constitution de la Jacobs Suchard-Côte d'Or.

1990 : Jacobs Suchard est lui-même absorbé par le groupe américain Philip Morris, à l'exception de Callebaut et Van Houten. obtention du certificat ISO (système de contrôle de qualité mondiale), une première pour une société belge alimentaire, une première pour une société chocolatière au niveau mondial.

1993 : à l'intérieur du groupe américain, fusion de Jacobs-Suchard et Kraft General Food. Naissance de Kraft Jacobs Suchard-Côte d'Or (Halle, Herentals et Liège) et Kraft Jacobs Suchard (Namur). obtention du grand "Oscar à l'exportation".

1994 : inauguration par le premier ministre, à Halle, de la chocolaterie (investissement de 2 milliards).

Pierre Iserentant, notre meilleur artisan

Tous les spécialistes de la profession l'affirment : Pierre Iserentant est leur meilleur artisan... Et pourtant, il reste inconnu du grand public. La raison en est simple : son produit est toujours "retravaillé" avant d'être proposé à la consommation. Seuls les professionnels s'adressent à lui. Cet ouvrage est donc l'endroit idéal pour lui rendre hommage.

"Pierre Iserentant ne fait bien sûr aucune concession sur la qualité des matières premières et du produit final. De plus, il a une rigueur qu'on ne retrouve nulle part au monde", disent les plus grands chocolatiers du pays.

Pierre Iserentant.

Pierre Iserentant travaille avec 7 personnes depuis 1970. Il exporte environ 60 % de sa production. Un de ses secrets : il travaille non pas par moulage, mais par trempage. Le travail se fait donc exclusivement à l'extérieur du moule et donne ce petit bourrelet à la base du produit et son aspect rustique.

Voici quelques explications sur la gamme de ses produits entièrement en chocolat et qui mettent vraiment l'eau à la bouche : la "Marie-José" est une cuvette achetée par les pâtissiers. Ceux-ci y mettent un morceau de génoise, du Kirsch, quelques fruits et de la crème fraîche. C'est divin ! (Variante : la "Marie-Annette".)

La "Snobinette" est une mini-cuvette achetée par les grands restaurants qui la remplissent de praliné ou d'une crème fraîche et la présentent en accompagnement du café. La "Cigarette" est une fine couche de chocolat roulée en forme de cigarette : du grand art ! Elle est utilisée par les pâtissiers ou les glaciers pour décorer les mets. Les "Copeaux" serviront à entourer gâteaux, truffes, etc.

"Certains sont passionnés par le goût ou l'arôme du chocolat, je le suis plutôt par la technique de fabrication. J'ai passé ma vie à mettre au point des systèmes de fabrication originaux. Je ne suis pas ingénieur, mais plus exactement ingénieux...", avoue notre meilleur artisan.

- Pierre Iserentant
  28, rue de Battice
  4800 Petit-Rechain.
  Tél. : 087/33.94.64.

• L'origine du nom Côte d'Or

Si les timbres collés sur les enveloppes des factures ou des bons de livraison n'avaient pas été aussi beaux, sans doute l'éléphant de la marque "Côte d'Or" n'aurait pas vu le jour. En effet, l'arrière-grand-père de Baudouin Michiels, actuel président de la société, fut tellement impressionné à la fin du siècle dernier par les timbres en provenance de la "Gold Coast", qu'il imagina très vite l'éléphant comme illustration de son chocolat. Ces timbres colorés représentaient une pyramide, un palmier et un éléphant. Tous les attributs de l'exotisme pour cette nourriture mythique et magique. Il abandonna même la marque à son propre nom, "Michiels", pour adopter "Côte d'Or".

Avant 1873, les Portugais l'appelaient "El Mina"; après son indépendance, le 6 mars 1957, la "Côte-de-l'Or" devint le Ghana, une république toujours membre du Commonwealth. Sa capitale Accra compte aujourd'hui plus de 15 millions d'habitants. Le Ghana se situe à droite de la Côte-d'Ivoire, il est le plus grand exportateur de cacao de la planète avec un chiffre d'affaires de 225 milliards de francs CFA en 1990.

Pour la petite histoire, l'éléphant, symbole de la puissance et de l'exotisme, n'eut que trois représentations différentes au cours de l'histoire de la firme.

• Le Temple du chocolat

Depuis un mois, Antoine se passionne pour le chocolat. Bien sûr, il est un peu gourmand et, comme tous les enfants de son âge (Il vient d'avoir 10 ans !), sa maman lui permet d'acheter un bâton de chocolat à la récréation, mais il ignorait beaucoup de choses à propos de son dessert favori. Où poussent les cacaoyers ? Le tube de beurre de cacao qu'on utilise en hiver, est-ce le même que l'on trouve dans le chocolat? Le chocolat donne-t-il des caries ?... Toutes ces questions fusent en classe et le professeur y répond, grâce à un dossier pédagogique que lui a remis la société Côte d'Or afin de préparer la visite au "Temple du chocolat" !

Boîte anniversaire de l'Exposition universelle pour le chocolat Côte d'Or, 1985.

L'éléphant : symbole de la maison Côte d'Or depuis la fin du XIXe siècle.

Le journal de bord

Dans son cahier (corrigé par son professeur), Antoine a décidé de raconter son aventure... un peu comme le faisaient les capitaines de navire.

"... Un car nous a conduits à l'entrée du majestueux Temple du chocolat. Nous attendons dans une pièce où tout à coup un loup de mer, un marin, apparaît et nous souhaite la bienvenue. Il nous propose un voyage dans le temps ! La première salle où nous entrons, c'est un temple toltèque. On nous raconte la légende du roi Chocolat, Quetzalcoatl, alors

Côte d'Or : une grande marque qui "fait des petits".

que sur les murs des fresques illustrent la légende et que dans des vitrines des objets bien réels sont tour à tour éclairés...."

Ensuite, ce sera le passage par un couloir qui remonte le temps : sur les murs des dates importantes, tandis que sous ses pieds, un mécanisme d'horlogerie bizarre indique le temps qui passe...

"... Nous nous trouvons dans la cale d'un galion espagnol... qui bouge, au gré des flots! Le plancher de bois vibre, on entend le vent et les sacs de fèves de cacao sont entassés dans un coin près d'un coffre rempli d'or et de diamants..."

Dans l'ancienne fabrique du début du siècle, le marin conteur leur explique la récolte, la fabrication du chocolat. Et enfin...

"C'est fabuleux ! J'ai pris du chocolat liquide dans une tempéreuse et je l'ai versé dans des petits moules. J'ai fait mon propre chocolat ! J'ai pu aussi colorier l'emballage... J'y ai dessiné un... éléphant !"

La visite d'environ deux heures s'est achevée par la découverte de deux lignes de production de la toute nouvelle usine Côte d'Or... et par un colis tout en chocolat !

La découverte par les enfants du Temple du chocolat (Côte d'Or).

"Toute ma vie, je me souviendrai de cette visite au Temple du chocolat !", conclut Antoine.

Une réponse à tout

Lors de l'inauguration du Temple du chocolat, Philippe Vander Putten, directeur général, a dit: "Visiblement, ce projet répond à un besoin. C'est en quelque sorte une réponse à tout ce que l'on a toujours voulu savoir sur et autour du chocolat, mais que l'on n'a jamais ou rarement pu vivre de façon active". Active, cette visite l'est vraiment. C'est le point de départ de la réalisation de la société Euroculture ("Tout Hergé", "Tout Simenon" et "J'avais 20 ans en 45"), un voyage à travers l'histoire, les décors, les objets pour mettre en valeur le patrimoine culturel belge. La réussite est telle qu'il a fallu doubler le nombre de visites journalières, de deux à quatre. Rappelons que celles-ci sont destinées aux élèves des écoles primaires et limitées à 50 élèves par groupe. Réservation: 02.362.38.92). Jusqu'à présent plus de 40000 jeunes ont effectué la visite gourmande !

1995 : intégration des Pays-Bas dans la nouvelle structure commerciale Benelux.
1996 : naissance de la Kraft Jacobs Suchard dont Baudouin Michiels assure la présidence.

Petite histoire des spécialités :
1935 : création des tablettes "Crèmes", du 1er bâton praliné "Un Dessert" et des "Mignonnettes".
1937 : création de la bouchée et du bâton "Double lait".
1946 : lancement des "Codorettes".
1948 : création des toffees "rafraîchissants" et "Menthe".
1950 : lancement du "Chokotoff", un caramel au chocolat.
1951 : création du "Croquettant".
1955 : lancement de la bouchée "Nougatti".
1958 : lancement des petits paquets de 150 g.
1959 : création des "Cherries".
1960 : lancement du "Pastador" et création des "Blocs noisettes entières".
1962 : lancement des tablettes "crème liquide".
1970 : création de la bouchée "Kriffi".
1975 : lancement du "Zouki" et du "Fli-Fli".
1980 : nouvelle ligne Pastador.

1981 : lancement du "Bonbonbloc croquant".
1982 : lancement des articles "Mini", des bâtons "Cool" et des "Blocs noisettes entières" de 100 g.
1983 : création des bâtons "Cool 4 fruits".
1995 : "Snax".
1996 : "Mini tablettes".

La communication

L'histoire de Côte d'Or est une grande et belle aventure. Elle commence en 1883. Mais lorsqu'en 1906 les deux chocolatiers Bieswal et Michiels s'unissent dans la société Alimenta et décident d'adopter l'éléphant, celui-ci restera le symbole et la mascotte de leur marque. S'il apporte de l'exotisme, il évoque avec encore plus d'évidence la puissance, la loyauté, la persévérance et la longévité. De la rue des Palais à Bruxelles jusqu'à la plus moderne des usines d'aujourd'hui, installée en 1995 à Halle, on peut dire que le logo a porté chance. Une des clés du succès de la marque est sa prise directe avec le consommateur. Ainsi, la présence de Côte d'Or dans un pavillon en bordure du lac de Hofstade (Malines) en 1930, prélude à sa participation aux grandes expositions (et la création de nouveaux produits correspond aussi aux expos : les "Mignonettes" en 1935 et le "Dessert" en 1958), jusqu'à l'ouverture de l'usine (dans les années '60 et '70, Côte d'Or organise des visites pour les écoles dans l'usine de la rue Bara) et finalement du "Temple du chocolat" qui en est la suite logique. S'il fut toujours utilisé, surtout sur les emballages et dans quelques annonces publicitaires, l'éléphant Côte d'Or s'offre en 1996 un retour aux sources. La publicité propose le pachyderme

et ses petits en affiches de 36 m^2 ainsi que dans deux films tournés au Botswana : un consommateur est transporté par le goût puissant d'un bâton de chocolat et la terre se dérobe sous ses pieds. L'éléphant apparaît alors pour le soulever et le sauver.
(Côte d'Or Kraft Jacobs Suchard, 450, Brusselsesteenweg, 1500 Halle. Tél. : 02/362.31.11. Fax : 02/362.38.40).

• *Galler Chocolatiers*

Jean Galler, apprenti chez son père, boulanger-pâtissier, suit les cours de perfectionnement de l'école de confiserie à Bâle en Suisse. Il est consacré "Meilleur apprenti de Belgique" par la fédération des boulangers-pâtissiers. En 1975, il est stagiaire chez Lenôtre à Paris. Passionné par le chocolat, il rachète l'ancienne chocolaterie Clovis et fonde à 21 ans, avec son père Pierre Galler, une société à Vaux-sous-Chèvremont en 1976 .

Philippe Geluck donne sa langue au chat

"Jean Galler me téléphona un jour en me demandant si la "langue de chat" m'évoquait quelque chose. Je lui répondis que cela me faisait songer à mon enfance, mais qu'on ne trouvait plus guère ces petits chocolats longs et plats, arrondis aux deux bouts. (En effet, la langue de chat est faite de chocolat en Suisse et en Belgique, et c'est un biscuit en France.) "Justement, dit-il, je suis chocolatier et vous dessinez *le Chat*. Ne serait-ce pas une bonne idée pour relancer le produit ?" J'ai trouvé ça formidable, en effet. Nous nous sommes rencontrés une première fois – profitant d'une participation de l'équipe du "Jeu des dictionnaires" à la remise des "Antennes de cristal" à Liège – et je l'ai trouvé très sympa! En rentrant, j'ai tout de suite dessiné quelques croquis et les lui ai faxés. Cela ressemblait déjà au résultat définitif. Nous sommes restés en contact durant quelques années (Il m'envoyait des chocolats, je lui faisais parvenir mes livres) et puis le moment nous sembla venu de concrétiser ce projet. Pendant deux ans encore, nous avons discuté du choix du chocolat, du goût qui convenait le mieux, de la présentation, de la forme qui évoquerait une boîte de nourriture pour chats, mais qu'il fallait ouvrir autrement qu'avec un ouvre-boîtes, pour que les enfants ne se blessent pas... J'ai fait des recherches techniques pour la sculpture de la tête; on a éprouvé sa résistance, on l'a rétrécie, allégée... C'était passionnant ! A chaque fois, je découvrais un monde nouveau : par exemple celui du fabricant de boîtes de Gembloux, dont j'ai visité l'usine.

Philippe Geluck : publicité pour les Langues de Chat. *(Galler, 1995)*

Aujourd'hui, je suis ravi et fier de ce produit, qui allie qualités visuelles et gastronomiques. Je le dis, car je ne suis qu'un maillon dans sa réalisation. Quand on me demande si j'aimais le chocolat avant ces langues de chat, je cite mes parents qui disaient : "Il vendrait son âme au diable pour du chocolat". Aujourd'hui, j'ai signé un pacte avec un diable d'homme, Jean Galler !

(Philippe Geluck publie les albums du "Chat" : *Le Chat, Le Retour du Chat, La Vengeance du Chat...* ainsi que des encyclopédies universelles : *Un peu de tout, Made in Belgium* et *Le Docteur G*, tous aux éditions Casterman.)

Quelques dates :

1976 : création de la société Galler.
1993 : lancement des tablettes de 100 g : "Espèces en voie d'apparition".
1994 (juin) : sortie des "Nouveaux tartinables", 4 pâtes à tartiner.
1994 : Jean Galler se voit décerner par le roi Albert II, le titre de Fournisseur de la cour.
1995 (janvier) : Jean Galler est élu "Manager de l'année" par le magazine Trends Tendances.
1995 (avril) : ouverture sur la Grand-Place de Bruxelles d'un point de vente, le deuxième magasin après celui de Vaux-sous-Chè-

Les fournisseurs de la cour

Être "Fournisseur breveté de la cour de Belgique" est un privilège et un engagement.

Un privilège, car le titre accordé par Sa Majesté le roi, constitue une preuve de confiance. Il témoigne en faveur de celui à qui il a été octroyé de la qualité des services rendus et des produits livrés.

Un engagement, car le Fournisseur breveté de la cour de Belgique se doit de respecter ce que la charge implique : le souci constant de perfectionnement dans tous les domaines qui touchent son entreprise. Ils se sont réunis en une association pour défendre leur titre et pour mettre l'accent sur ce qu'il représente en terme de qualité, de confiance et d'honorabilité auprès de leurs clients.

Quatre chocolatiers sont Fournisseurs brevetés de la cour : Galler, Godiva, Côte d'Or et Mary.

Le sigle des Fournisseurs brevetés de la cour de Belgique.

vremont, et bientôt d'un troisième rue du Pot-d'Or à Liège.

1995 : lancement des "Langues de chat" avec Philippe Geluck.

Spécialités :

La barre chocolatée de 70 g. Depuis 1993, une gamme de 6 tablettes de 100 g, intitulée "Espèces en voie d'apparition".

Depuis 1993, le CA de la société Galler est de 250 millions. 15 % en sont réalisés par l'exportation : États-Unis, Australie, Philippines, Puerto-Rico, Allemagne, etc.

Les chocolats sont vendus dans plus de 2 000 points de vente en Belgique et dans le monde. On retrouve "le" belgian chocolate de Galler dans certaines vitrines prestigieuses comme la boutique de luxe de l'aéroport d'Amman en Jordanie, le grand magasin Harrods de Londres ou la Grande Épicerie Fine de Paris. La partie artistique (décoration, formes, ballotins, magasins...) est assurée par Yvette, la femme de Jean Galler.

(Galler Chocolateries, 39, rue de la Station, 4051 Chaudfontaine. Tél. : 04/367.22.11. Fax : 04/365.92.20).

• *Godiva*

Dans les années '20, Pierre Draps fonde à Bruxelles une chocolaterie-confiserie qui fournit les grands magasins. Ceux-ci revendent ses pralines sous leur propre enseigne. Son fils Joseph (qui travaille aux côtés de son père dès l'âge de 14 ans) fera très vite preuve d'une grande créativité. Comme maître chocolatier, il invente des associations de goûts raffinées. Son imagination commerciale n'est pas en reste. En 1946, avec sa femme Gabrielle, il crée la firme Godiva, bien décidé à faire de ses pralines un produit de luxe et à leur donner un rayonnement international.

Quelques dates :

1946 : création de "Godiva" à Bruxelles.

1958 : ouverture d'un magasin rue Saint-Honoré à Paris.

1966 : ouverture d'un magasin 5e Avenue à New York.

1968 : Godiva reçoit son brevet de Fournisseur de la cour de Belgique.

1974 : la société passe sous le contrôle de la Campbell's Soup Cy pour poursuivre la stratégie de développement international. Deux unités de production travaillent pour Godiva : l'une à Bruxelles, l'autre en Pennsylvanie, aux États-Unis.

1988 : Godiva est le chocolat officiel des Jeux Olympiques de Séoul.

1997 : Hong Kong, Singapour, le Japon, les Emirats Arabes Unis ou le Koweit sont aujourd'hui régulièrement alimentés, par avion, de pralines ultrafraîches préparées à Bruxelles.

Le chocolat passe par quatre canaux de distribution :
- les magasins propres,
- les magasins franchisés,
- les "shops-in-the-shop" (comme Saks et Bloomingdales aux États-Unis, Harrods à Londres ou KDW à Berlin),
- les "duty free" dans les principaux aéroports du monde.

Godiva affiche un CA d'1 milliard de francs belges, dont 60 % à l'exportation.

Spécialités :

Le praliné, toujours fabriqué dans la maison, fait la réputation de Godiva, de même que la recette sophistiquée de ses pralines. (Le livre des recettes, avec ses quelque 70 spécialités de base concoctées par Joseph Draps, est soigneusement conservé sous clé). Les manons sont toujours faits à la main de façon traditionnelle : la base de massepain, la crème fraîche pochée, surmontée d'une noix, sont ensuite trempées dans du sucre fondant à la juste température.

L'"Autant", créé à l'occasion de la sortie à Bruxelles du film *Autant en emporte le vent* est un classique de la maison. Il est fait d'une coquille de chocolat noir, fourrée de pâte de chocolat au cognac et de crème au café, puis enrobée de chocolat au lait. Sa décoration, une feuille en chocolat noir, est dessinée à la main. Nouveauté : Godiva propose une version d'Autant enrobée de chocolat blanc.

Godiva est également célèbre pour ses chocolats saisonniers en accord avec ses collections d'emballages raffinés, qui font des cadeaux de prestige, appréciés dans le monde entier. À chaque fête (Saint-Nicolas, Noël, Saint-Valentin, Pâques), le maître chocolatier Godiva crée de nouvelles pralines (une trentaine chaque année) et de magnifiques pièces artisanales en chocolat.

(Godiva, 5, rue de l'Armistice
1081 Bruxelles.
Tél. : 02/422.17.11.
Fax: 02/422.17.00).

La légende de Lady Godiva

L'histoire se déroule dans l'Angleterre du XIe siècle. En 1057, à Coventry, Léofric, comte de Chester et mari de lady Godiva, taxe les pauvres avec une outrance insupportable, malgré les prières de son épouse. Excédé par son insistance, le mari, la sachant timide et prude, lui lance un défi qu'il imagine irréalisable : traverser la ville en chevauchant, complètement nue, sa monture. Elle relève le défi. Très vite, toute la ville apprend la chose et décide, pour ne pas embarrasser la lady qui se sacrifie pour eux, de ne pas sortir le moment venu. En effet, lady Godiva traverse, uniquement vêtue de sa longue chevelure blonde, une ville déserte... à la grande fureur de son rustre de mari. On raconte qu'un seul habitant jeta un œil sur la belle dame et se justifia ainsi : "Je n'avais plus vu de cheval blanc depuis si longtemps...!". Une statue immortalise aujourd'hui la scène dans la ville de Coventry. La ville, reconnaissante envers la marque "Godiva", intronisa Joseph Draps comme "Citoyen d'honneur"...

Lady Godiva, avec le logo du célèbre pralinier.

• *Kathy Chocolaterie*

En 1919, August Verheecke ouvre une pâtisserie aux alentours de Bruges. Quatre années plus tard, l'établissement est trop petit et il s'installe à la Katelijnestraat, puis à la Groeninge. Son fils, Georges Verheecke, reprend les affaires en

Toots Thielemans : les pralines du dimanche

Alors qu'il ne s'appelait encore que Jean-Baptiste Thielemans, le petit "Jeanke", ketje de la Marolle, est déjà envoûté par la musique. Ses parents tiennent le café "Trapken Af", rue Haute, où se produit chaque dimanche un accordéoniste, et devant l'intérêt de Jeanke, son père lui offre l'instrument convoité...
Il n'a que deux ans ! Ce sera le début, pour le futur Toots Thielemans, d'une carrière internationale de jazzman, comme peu de Belges en ont vécue (*Bluesette, Midnight Cowboy...*). Or, comme il n'a que 5 ans, ses parents quittent les Marolles pour Molenbeek-Saint-Jean, où ils ouvrent, en face de l'hôtel de ville, le magasin Au Palais du Cache-Poussière.
Le dimanche, toute la famille part pour une longue promenade à pied, en direction de la Bourse. Là, ils dégustent de la salade de viande; ensuite, ils gagnent le boulevard Anspach pour acheter en vrac et sur le trottoir les fameuses pralines Léonidas. "Celles que je préférais, dit Toots Thielemans, étaient rondes et entourées de granulés de chocolat. Je crois me souvenir que ma mère payait 2,50 F pour 100 g..."

1945. Il construit le bâtiment du Pathoekeweg. Avec ses enfants, il fonde en 1979 la Chocolaterie Kathy. À partir de 1984, les produits sont vendus aux Pays-Bas, en France, en Allemagne et au Royaume-Uni. Dès 1986, c'est dans le monde entier que s'écoule la production et, tout naturellement, il faut encore agrandir : une usine de 9 600 m² est bâtie à la Kolvestraat. Aujourd'hui, avec ses 145 travailleurs, Kathy exporte 70 % de ses produits et possède un CA de 1 milliard de francs.
(Kathy Chocolaterie,
84, Pathoekeweg, 8000 Brugge.
Tél. : 050/32.06.92.
Fax : 050/32.02.01).

• *Meurisse*

En 1845, Adolphe Meurisse, jeune et dynamique Montois établi à Anvers, entreprend la fabrication de chocolat. Il s'agit de la première chocolaterie belge... Il y parvient grâce aux denrées exotiques dont les cargaisons précieuses débarquent dans le port de la ville, grâce aux raffineries anversoises de sucre, et surtout, grâce à ses connaissances professionnelles. Il installe une machine motrice de 12 CV puis successivement, tous les appareils nouveaux qui permettent d'améliorer la fabrication.

Quelques dates :

1890 : l'activité est reprise par ses deux fils : René et Albert.
1915 : Jacques Meurisse, fils d'Albert, devient président.
1969 : la société se joint à General Biscuit pour créer la General Chocolate. L'usine occupera près de 800 personnes et produira jusqu'à 10 000 t par an.
1986 : la General Chocolate est rachetée par Jacobs Suchard.

Spécialités

Aujourd'hui, Meurisse est la deuxième marque en Belgique avec plus de 15 % du marché des tablettes et bâtons. Le consommateur considère que le chocolat Meurisse est fait avec cœur, qu'il est sympathique et agréable, avec une tradition et avec des ingrédients largement appréciés.
Tablettes de chocolat fourrées de 200 g (banane, framboise, etc.), petites tablettes de 50 g (lait, praliné, noisettes, etc.), bâtons de 55 g (noisettes entières lait ou blanc), bloc dessert pour glaces et desserts (500 g), Big Nuts de 75 g (noisettes entières grillées) et le célèbre "Zéro" de 50 g (version lait et fondant) qui propose le contraste d'un fourrage de cacao froid et d'un enrobage de chocolat.
(Meurisse - Kraft Jacobs Suchard,
450, Brusselsesteenweg,
1500 Halle.
Tél. : 02/362.31.11.
Fax : 02/362.38.40).

• *Neuhaus*

Le Suisse Jean Neuhaus, ouvre une confiserie pharmaceutique avec son beau-frère pharmacien, galerie de la Reine en 1857. Lorsque ce dernier disparaît, Jean Neuhaus fait appel à son fils Frédéric, de Neuchâtel, qui vient étudier à Bruxelles le métier de maître confiseur. Le moment venu, il remplacera peu à peu les médicaments par des bonbons et des chocolats. La maison Neuhaus installée aux numéros 25-27 de la galerie de la Reine depuis 1857, présente dans un décor inchangé depuis 1912 les chocolats, pralines, et confiseries Neuhaus. C'est sans doute le seul magasin de ce type à l'activité continue depuis 1857. Ce magasin présente à lui seul toute l'histoire de la praline qui fut inventée à cet endroit.

Quelques dates :

1857 : constitution de la société Neuhaus.

1895 : à la disparition de Frédéric, Jean Neuhaus (petit-fils du fondateur) reprend l'affaire, sous le nom de Chocolaterie Neuhaus-Perrin.

1912 : création de la praline.

1915 : création du ballotin de pralines par Jean Neuhaus et sa femme, Louise Agostini. Celle-ci, une artiste, créera les couleurs “vert et or” et le “N”, qui sont toujours utilisés aujourd'hui.

1918 : visite du prince de Galles et du jeune prince Léopold, futur roi.

1923 : le gendre de Jean Neuhaus, Adelson De Gavre, dirige la maison. Il partagera cette responsabilité avec son fils Pierre. Création

Belgique terre d'accueil

Un certain nombre de sociétés chocolatières se sont implantées en Belgique, comme Ferrero Ardennes par exemple. Parmi elles, la société **Nestlé** (Belgilux) l'est depuis fort longtemps. C'est en 1867 à Vevey, en Suisse, que Henri Nestlé invente sa farine lactée. En 1875, il vend son affaire qui fusionne avec l'Anglo-Swiss Condensed Milk Co en 1905.

La première vente de chocolat sous la marque Nestlé a lieu en 1904. Dès 1925, le marché belge est séparé du marché français, la société Nestlé s'apprêtant à organiser sa propre production. En effet, après la fusion avec Peter, Cailler, Kohler et Chocolats Suisses, Nestlé s'étend dès 1929 à six chocolateries situées en Turquie, en France, en Italie, en Grande-Bretagne, en Allemagne et en Belgique. En 1932, la fabrication locale est augmentée. En Belgique, elle l'est par la construction d'une fabrique de lait à Hamoir.

Entre 1947 et 1990, l'histoire de cette société est ponctuée de fusions, reprises, rapprochements, acquisitions... de Maggy, Crosse & Blackwell, Findus, Vittel, L'Oréal... jusqu'à Buitoni-Perugina ou Rowntree, plus précisément dans le chocolat.

C'est en 1988 que Nestlé rachète Rowntree. Dès lors, les barres chocolatées comme Kitkat, Nuts ou Lion, les pastilles fourrées au chocolat au lait comme Smarties et le petit gâteau moelleux Yes feront partie de sa production mondiale. Aujourd'hui, Nestlé possède plus de 400 centres de production répartis sur les 5 continents. Le succès de ses produits ne se dément pas : After Eight, Quality Street, Galak et Crunch font partie de sa gamme.

• Nestlé Belgilux
221, rue de Birmingham
1070 Bruxelles.
Tél. : 02/529.52.52.
Fax : 02/529.56.00.

Emballage du célèbre “After Eight” de chez Nestlé.

Le chocolat valeur boursière

Depuis mars 1997, le chocolatier Neuhaus a fait son entrée en Bourse de Bruxelles, sur le marché du comptant (double fixing). Le groupe international Artal a mis en vente 60 % de son capital, soit 450 000 actions, à un prix compris entre 1600 et 1750 F. Les petits investisseurs ont pu acquérir 150 000 parts.

D'après les analystes boursiers, Neuhaus est une valeur unique en son genre à Bruxelles. Les ventes progressent annuellement de 10 %, le "cash-flow" de 13 %, le résultat d'exploitation de plus de 20 %. Jusqu'en 2001, le dividende devrait croître de 14 % par an, de 5 % ensuite.

Neuhaus mise sur une progression sur le marché intérieur, mais aussi sur la croissance de ses opérations à l'étranger. Ses produits sont distribués dans 36 pays ! Le défi pour Neuhaus est de mieux se faire connaître (par exemple en France avec "Jeff de Bruges") La cotation en Bourse est donc aussi une belle opération de marketing.

des deux spécialités : "Caprice" et "Tentation".

1970 : transfert de l'usine à Zellik.

1978 : les chocolatiers Jean-Jacques et Claude Poncelet, par ailleurs responsables des sociétés Verhaeren et Mondose, et bientôt Corné Port Royal, reprennent la direction de l'entreprise.

1987 : 130e anniversaire. Reprise par la Raffinerie tirlemontoise.

1989 : transfert de l'usine à la nouvelle fabrique à Vlezenbeek.

Neuhaus devient majoritaire dans la société créée à Paris par Philippe Jambon, "Jeff de Bruges".

1995 : Neuhaus rachète l'Union Edel Chocolade à Haarlem, la ville du chocolat des Pays-Bas.

Neuhaus participe dans une joint-venture pour la distribution des pralines Neuhaus au Japon.

Neuhaus acquiert également 55 % du capital de la société chargée de la distribution des pralines Neuhaus aux États-Unis.

1997 : Neuhaus reprend la société Martial, spécialisée dans la distribution de chocolats et d'articles de confiserie de sucre en France. Le groupe Neuhaus-Mondose comprend les marques Neuhaus, Mondose, Jeff de Bruges, Union

La boutique Neuhaus dans la galerie de la Reine à Bruxelles.

Edel Chocolade et Martial et fait partie du groupe Artal, un holding international diversifié dans l'industrie alimentaire. 1997 représente une année importante pour Neuhaus avec l'introduction des titres à la bourse de Bruxelles.

Spécialités :

Les pralines " Caprice" et "Tentation" : un mélange de noisettes, d'amandes et de sucre caramélisé dans une nougatine façonnée en triangle et enrobée de chocolat noir pour le "Caprice", et de chocolat au lait pour la "Tentation".

Notons le souci du détail : au lieu d'être de couleur blanche comme partout, la corbeille de papier qui accueille la praline est – frappée d'un "N"– de la même couleur jaune pâle que le ballotin ! Neuhaus produit 2000 t par an. La société exporte dans 36 pays. Neuhaus se vend dans 52 magasins en Belgique (dont une douzaine lui appartiennent "... car il s'agit d'avoir soi-même l'expérience de la vente au détail pour connaître le client", explique Philippe Van Coppenolle, directeur du marketing) et dans plus de 100 points de ventes en pâtisserie. Neuhaus est distribué dans 400 magasins en Allemagne, 200 aux États-Unis, 72 au Japon (via la Nihon Neuhaus).
(Neuhaus, 2, Postweg,
1602 Vlezembeek.
Tél. : 02/568.22.11.
Fax : 02/568.22.07).

Sky Shops : le plus grand point de vente du monde

Avec 500 t de chocolat vendues par an, les Sky Shops de l'aéroport de Zaventem (Brussels National Airport) sont les plus grands vendeurs de chocolat du monde. Que ce soit dans l'ancien terminal (self service, kiosque Neuhaus), dans le satellite. (self service), dans le nouveau terminal (kiosque Neuhaus, Godiva, Duty & Tax free) ou encore dans les deux magasins Last Minute Shops, il faut reconnaître avec bonheur que le chocolat belge (Godiva, Daskalidès, Corné Port-Royal, Mondose, Wittamer, Guylian, Côte d'Or et Galler) fait recette auprès des passagers français, belges, anglais, allemands ou espagnols.

En quantité, ce sont de loin les Asiatiques qui sont en tête de ces consommateurs-voyageurs. Les kiosques où les pralines se vendent en vrac semblent recueillir le plus de succès. Régulièrement, des opérations promotionnelles spéciales ont lieu: un chocolatier vient enrober sur place ses manons, des ballotins d'œufs de Pâques sont offerts gratuitement... De quoi rendre attrayantes ces vitrines de la capitale européenne ouvertes sur le monde entier !

"Octobre est le meilleur mois, suivi de décembre, explique Marc Leemans, le directeur commercial de la SA Belgian Sky Shops. Il est sûr que nos ventes sont plus faibles en été. Le client "charter" n'achète pas de pralines s'il se dirige, par exemple, vers une "Costa". Mais les ventes de Juillet représentent tout de même 66 % des ventes de décembre, ce qui est de loin supérieur à celles des magasins en ville. Nos prix de vente sont égaux à ceux de ces magasins... moins la TVA."

Localisation des six points de vente :
Kiosque Neuhaus : vente en vrac de Neuhaus dans l'ancien terminal.
Self-Service : toutes les marques sont en vente en libre-service dans l'ancien terminal.
Satellite : toutes les marques sont en vente en libre-service dans le Satellite.
Kiosques Neuhaus et Godiva : ces deux marques sont en vente en vrac dans le nouveau terminal.
Duty & Tax free : self-service de toutes les marques dans le nouveau terminal.
Last Minute Shops : deux magasins sont situés près des portes B et l'on y trouve principalement Neuhaus et Godiva.

• SA Belgian Sky Shops
Brussels National Airport
1930 Zaventem.
Tél. : 02/715.10.20.
Fax : 02/721.39.96.

Quelques originalités chocolatières

• *La ferme Charlemagne*

Appréciée jusqu'à la cour du Japon, la ferme Charlemagne est installée au cœur même du berceau des Carolingiens, là où Charlemagne vit le jour. Pour respecter le bâtiment construit au XVIIe siècle (mais les fondations remontent à l'an 1000 !), tout l'atelier moderne se situe à l'intérieur des murs anciens. Dans les années '80, Madame Denise Courant-Bellefroid, après des études d'hôtellerie à Liège et des spécialisations dans l'histoire de la cuisine, en particulier celle du Moyen Âge et de la Renaissance, met au point un tout nouveau "concept" pour rendre le chocolat haut de gamme original: un chocolat noir exhalant son goût dans la masse. Une évolution dans l'industrie chocolatière : auparavant le goût se trouvait dans le fourrage enrobé de chocolat.

Après quelques essais de chocolat aux épices et au café à l'accent d'Orient, elle se lance il y a sept ans dans la production de chocolats aux goûts de fleurs d'une hardiesse encore jamais égalée. Dans un autre domaine, à la demande de sa clientèle, elle agrandit sa gamme de produits. Et cela donne naissance à une ligne de truffes qui recueille un grand succès grâce à une présentation artisanale et à une recette particulière: naturelle, diététique et très gourmande pour une truffe légère et très peu chargée en sucre. On y trouve des truffes au naturel extra chocolat, au marc de champagne, au calvados, à la mandarine, aux noisettes et au café d'Orient. La vente de ces truffes, mais aussi celle des pralines d'une grande finesse, est destinée exclusivement aux boutiques de luxe (Le Pain Quotidien notamment), aux grands hôtels 5 étoiles, aux services première classe (British Airways).

Axée sur l'exportation, la maison Charlemagne vend 95% de sa production à l'étranger : en Suède, en Arabie Saoudite, en France, au Japon, aux États-Unis, en Angleterre, en Allemagne...

Le chocolat Charlemagne est souvent à l'honneur. Lors de la visite du prince Philippe à Istanbul, on lui remit un assortiment de "Topsy Turvy"... Dans cette gamme, on trouve une déclinaison surprenante de chocolats aux épices, au café, au thé, aux agrumes, aux fruits exotiques, aux fruits classiques et aux fleurs, qui est le joyau de la collection "Topsy Turvy" (littéralement : sens dessus dessous).

(Chocolaterie Charlemagne,
8, place Jacques-Brel, 4400 Herstal.
Tél. : 04/264.66.44).

• *Café-Tasse*

La rencontre de deux saveurs universelles

François Decarpentrie, après avoir travaillé chez Neuhaus et Godiva, décide en 1988 de créer une gamme de chocolats à consommer avec le café pris en famille ou au restaurant. Ainsi naissent les "Napolitains" de Café-Tasse : de petits chocolats carrés non fourrés.

L'emballage est naturel, uniquement composé de matières recyclables : papier kraft, bois, jute, etc. Le succès est immédiat. Et, très vite, la gamme s'enrichit d'autres spécialités : "Santos", par exemple, une collection de grains de café enrobés de chocolat. On pousse le souci du détail jusqu'à prévoir un Santos noir décaféiné ! Aujourd'hui, cette société lance une *Chocolate's News* (le n° 1 a été édité en juillet 1996) et crée son site sur Internet; c'est dire son dynamisme. Il s'agit en effet de maintenir le contact avec les 25 pays où se vendent les produits : la France (après un an de présence, elle compte déjà 600 points de vente) avec les Galeries Lafayette ou l'Espagne avec El Corte Inglès, aussi bien que l'Australie avec le Myers Store, Les États-Unis avec le Sak's Fifth Avenue ou Singapour, Taïwan, la Corée, Hong Kong...

"Pourquoi dans un secteur aussi traditionnel et conservateur que celui du chocolat vous envoyer une News ?, écrit François Decarpentrie. Parce que nous souhaitons nous rapprocher de nos clients qui sont nos partenaires. Nous désirons aussi faire partager notre passion ..."

Depuis septembre 1994 un "Café-Tasse Store" existe sur la Grand-Place de Bruxelles. On peut y acheter aussi des services à café et à chocolat en céramique.

Au départ, les tasses originales étaient prévues pour l'usage interne du personnel. Les demandes des clients furent tellement pressantes que la collection fabriquée à la main par des artisans belges est aujourd'hui disponible pour tous en magasin !
(Café-Tasse, 57, chaussée de Tubize 1440 Wauthier-Braine.
Tél. : 02/366.96.14.
Fax : 02/366.90.32).

• *Dolfin*

Imagination et créativité !

La passion du chocolat peut être héréditaire, puisque Michaël et Jean-François, fondateurs de Dolfin, sont les fils de Jean-Jacques Poncelet qui fut directeur, avec son frère Claude, des chocolateries Verhaeren, Mondose, Corné Port-Royal et Neuhaus !
Michaël déclare: "Nous avons

toujours entendu parler de chocolat avec amour et nous gardons le souvenir de ces artisans dont les gestes mille fois répétés mais jamais négligés symbolisaient la fierté de créer ces nourritures merveilleuses"

Créée en 1989, la société Dolfin produisait dans un premier temps des napolitains personnalisés, ces petits chocolats destinés à l'accompagnement du café dans les restaurants, hôtels, etc. En 1996, Dolfin crée sa propre marque et adjoint aux napolitains une gamme de tablettes de 70 g dont le format permet de laisser encore plus libre cours à l'imagination créatrice. En effet, la démarche de Dolfin s'écarte de la tradition belge puisqu'on ne fourre pas le chocolat mais on y incorpore des ingrédients uniquement naturels. Cette technique originale respecte la pureté et la force des goûts et les marie harmonieusement. Elle offre aussi l'avantage d'une meilleure conservation.
La gamme des tablettes, qui évolue au gré des recherches des frères Poncelet se décline actuellement en 14 saveurs : le noir aux écorces d'orange confites, aux feuilles de menthe, au poivre rose, etc. Les carrés de chocolat (5 g), quant à eux, existent aujourd'hui en 13 saveurs : noir earl grey, lait cannelle, noir à 88 % de cacao, etc.
Ces chocolats ont remporté le premier prix de l'imagination et de la créativité lors du SIAL, la grande foire alimentaire parisienne.
(Dolfin SA, 59, chaussée de Tubize, 1440 Wauthier-Braine.
Tél. : 02/366.24.24.
Fax : 02/366.22.42).

• *"Italo-Suisse"*

Les figurines en chocolat

Une des firmes belges particulièrement spécialisée dans les figurines en chocolat s'appelle "Italo-Suisse"! L'origine de ce nom remonte aux voyages d'étude et de perfectionnement dans le chocolat du fondateur, Joseph, en France, en Italie et en Suisse...

En 1923, il crée la firme belge "Italo-Suisse" à Izegem puis déménage à Roulers. En 1951, Antoine Libeert et son épouse reprennent la relève et continuent à agrandir la société pour finalement s'installer à Comines en 1975, et se spécialiser dans les figurines creuses en chocolat. Spécialisation reprise par les quatre enfants en 1985 : Myriam, Pieter, Luc et Ignace. Bien entendu, les deux périodes les plus chargées pour leur production se situent à Pâques (les œufs) et en décembre (Saint-Nicolas et Noël).

Son Altesse, le prince Albert, inaugure en 1991 une nouvelle division de production de tablettes et de bâtons au chocolat au lait, noir et blanc et aux noisettes. Cette gamme est ensuite étoffée par la fabrication de tablettes fourrées et complétée par une variété de pralines ou chocolats au goût de praliné, café, caramel, nougat et autres saveurs exquises.
(Italo-Suisse, 107 A, avenue des Châteaux, 7780 Comines.
Tél. : 056/56.05.05).

• *Planète Chocolat*

C'est le 6 décembre 1995 (le jour de la Saint-Nicolas) que Frank Duval ouvre près de la Grand-Place de Bruxelles "Planète Chocolat". Son idée est de faire de l'art alimentaire. Il prend contact avec

des artistes qui lui dessinent de nouvelles formes de pralines. Après un an de recherches, il met au point une nouvelle technique de fabrication de moules, un mélange de sculpture et de gravure. Des artistes comme Éric Leloup, Jean-Christophe Alix ou Martin Szkely lui dessinent des créations originales.

Frank Duval possède la chocolaterie Duval, dont l'activité principale est la création sur demande tournée vers les entreprises qui cherchent des cadeaux personnalisés. À vocation artisanale, la société ne produit que 5 à 10 t de chocolat par an. Frank Duval possède aussi Planète Chocolat. La première caractéristique de ce magasin-atelier-musée est de fabriquer ses articles en vitrine ! À l'étage, on trouve un salon de dégustation et une galerie d'exposition. "Ce lieu reflète ma vision du chocolat. On y trouve uniquement les produits que j'aime : on peut, par exemple, y goûter un chocolat chaud avec un croissant dans une ambiance feutrée mais branchée", explique Frank Duval. On sert aussi, dans cet espace intime rouge et or, des tartes aux légumes, du vin ou du thé.
Ce passionné est venu au chocolat grâce à Christian Nihoul, chez qui il s'occupait du service traiteur, et grâce à une émission de la RTBF consacrée à l'art alimentaire, qui sera le détonateur de son propre projet.
(Planète Chocolat, 57, rue du Midi, 1000 Bruxelles.
Tél. : 02/511.07.55).

Les tablettes

L'ensemble de l'exportation du chocolat représente 212 465 t, pour un montant de plus de 30 milliards de FB.

Le chocolat de couverture représente 41 % de cette exportation, les bâtons et tablettes 20 % et les pralines presque 10 %.

Le service des statistiques financières et économiques de la Banque nationale de Belgique décrit trois catégories de tablettes et bâtons :

1. Les chocolats fourrés : 14 % (870 millions de FB).
C'est la France, comme pour les autres catégories, qui arrive en tête des pays vers lesquels

nous exportons (36 %), suivie des Pays-Bas (30 %), de l'Autriche (9 %) et du Royaume-Uni (5 %).

2. Les chocolats additionnés de céréales, de noix ou d'autres fruits : 37 % (1 milliard 870 millions de FB).
La France pulvérise les records (54 %), suivie cette fois de l'Allemagne (18 %) et de la Russie (17 %).

3. Les chocolats non fourrés : 49 % (2 milliards et demi de FB).
La France reste en tête (46 %), suivie des Pays-bas (21 %), de l'Allemagne (17 %) et de la Russie (7 %). Lorsque le 4 avril 1828 Coenraad Johannes Van Houten dépose son brevet de "chocolat en poudre", grâce à une presse qui extrait le beurre de cacao, le chocolat se présente sous la forme solide.

C'est en tablettes qu'il se vend tout d'abord, ainsi qu'en figurines et en pastilles (en Belgique, on parle de "caraques", sous l'influence du cacao de Caracas). À Amsterdam, Bensdorp fabrique en 1840 des tablettes emballées individuellement. Jusqu'alors on les vendait en vrac. Parmi les anecdotes qui émaillent l'histoire de la tablette, retenons la création d'une tablette à son effigie commandée par la reine Victoria

(j'ose à peine souligner l'homonymie avec une marque de chocolat !) qui l'envoie à ses troupes d'Afrique du Sud en guerre contre les Boers, afin de leur souhaiter une bonne année 1900. Signalons aussi l'apparition en 1911 du fameux emballage de

papier or et blanc qui entoure les tablettes de chocolat Côte d'Or. En 1913, le Suisse Jules Séchaud lance la première tablette fourrée. Jusqu'en 1920, les tablettes pèsent de 150 à 1000 g.

Dans les années '30, le prix d'un paquet de chocolat au lait de 400 g va de 5,90 F (Van Loo) à 10 F (Meyers).

Les bâtons

Le terme "bâton" est un belgicisme. Ailleurs, on parle plus couramment de barre de chocolat. Le bâton de chocolat est une invention belge.

C'est Kwatta en 1921 qui lance la production de petites barres de chocolat de 30 et 45 g. La société sera très vite suivie par tous les autres chocolatiers du pays.

À l'Exposition de 1935, Côte d'Or expose une machine "entièrement automatique" : d'un côté le chocolat coule, de l'autre un tapis roulant emporte les bâtons refroidis.

En 1936, Jacques lance le bâton fourré à la praline. À cette époque, les bâtons coûtent 1 F, mais Victoria les vend à 0,90 F et Côte d'Or à 0,75 F...

Contrairement à la praline, le bâton de chocolat a peu de succès hors de nos frontières. Sans doute parce que ce n'est pas un article de luxe et parce qu'il est relativement cher par rapport à la tablette.

Le bâton de chocolat au lait ou à toutes sortes de fourrages fut et reste un produit typiquement belge. On produit 9 700 t de bâtons par an, soit 12 % du marché global.

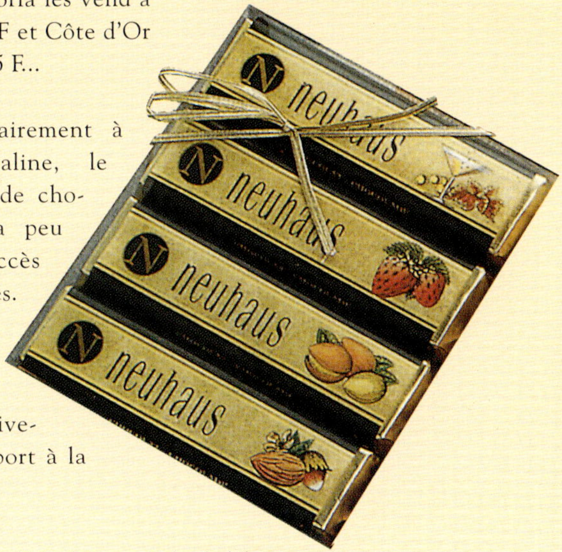

Les pâtes à tartiner

Nous pouvons nous enorgueillir de cette invention aussi : c'est en Belgique qu'a été créé la pâte à tartiner. On se souvient du "Chocopasta" et du "Pastador" (créée en 1960 par Côte d'Or et renouvelé en 1980), du "Kwatta"... L'habitude pour les enfants de recouvrir la tartine du petit déjeuner d'une pâte à tartiner est relativement récente. Les Belges en sont devenus les plus gros consommateurs avec de 800 g à 1 kg par an. 90 % des pâtes à tartiner sont aux noisettes et deux entreprises dominent le marché : Ferrero et All Crump.

Nutella (Ferrero)	60 %
Crumpasta, Tartinut... (All Crump)	30 %
Kwatta (Continental Foods)	23 %

Les chiffres de l'importation et de l'exportation de ce produit sont quasi identiques. Cependant, nous importons d'Italie (2700 t) et de France (1600 t) tandis que nous exportons surtout vers la France (4500 t).

Le marché des choco noisettes à lui seul représente un montant de 1,4 milliards de FB.

Wallonie	833 g/hab
Flandre	715 g/hab
Bruxelles	541 g/hab

La consommation est statistiquement plus importante chez les ménages plus modestes et qui ont le plus d'enfants. Le chocolat à tartiner représente 0,6 % du budget du ménage belge en moyenne, alors que le café représente 4 %...

Les biscuits chocolatés

À l'origine les biscuits (cuit deux fois) sont l'aliment nourrissant par excellence des militaires et des marins. De là l'expression "s'embarquer sans biscuit"... Ce n'est qu'au siècle dernier que les Anglais se mettent à cuire une variante plus raffinée de cette denrée de base : le biscuit sucré. Ils ne sont plus destinés à couper la faim, mais servent de friandises pour le thé. C'est à Huntley que nous devons nos actuels biscuits sucrés, car il invente en 1830 la machine à biscuits. Il s'agit d'une sorte de fondeuse à biscuits, où ils sont façonnés avant d'être cuits.

En Belgique, c'est Edward De Beukelaere, quittant les Polders pour s'installer à Anvers en 1855, qui fabrique les premiers biscuits sucrés dans un simple four de cuisine et expose ces friandises aux côtés des pains et pâtisseries de son étalage. En 1870, il construit sa première usine.

Mais d'autres pionniers s'intéressent aux biscuits : ainsi Jeghers, Bossaert et Carlier fondent en 1896 la biscuiterie Victoria, une appellation qui évoque la reine d'Angleterre et le prestige anglais du biscuit. Quant à Édouard Parein, céréalier, il rachète pour ses fils en 1890 la biscuiterie de Joseph Cordemans à Borgerhout.

Malgré le climat d'entente régnant entre De Beukelaere et Parein, il faut attendre 1965 pour que les deux entreprises fusionnent et donnent naissance à la General Biscuit Company, qui rachète peu après Guglielmone Biscotti (Italie), Victoria et L'Alsacienne. En 1977, l'entreprise accède au groupe Ceraliment-LU-Brun et elle est rebaptisée General Biscuit België.

Le chocolat intervient de deux façons dans la confection des biscuits. Soit, comme fourrage – on ajoute alors aux ingrédients de base que sont le sucre et les matières grasses de la poudre de cacao – soit comme nappage – dans ce cas, les trois chocolats le plus fréquemment employés sont le chocolat fondant, le chocolat au lait et le chocolat de type intermédiaire, moitié-moitié. Le nappage au chocolat s'effectue à l'aide de machines spéciales qui enrobent totalement ou partiellement les biscuits en les plongeant dans un bain de chocolat chaud. Pour obtenir son brillant et sa rigidité typiques, le chocolat liquide doit être tempéré sur les biscuits: il sera refroidi de 45°C à 28-29°C en plusieurs étapes de durées minutieusement calculées.

Une étude réalisée par Marketing Unit situe les consommateurs de biscuits dans le secteur "acceptation/personnalité", comme ceux du chocolat, avec en plus pour ceux-ci une plus grande impulsivité. En 1995, la production belge de friandises a dépassé les 560 000 t, toutes friandises sucrées confondues (chocolats, biscuits, confiserie) dont 45 % ont été consommés sur le marché belge. Il n'existe pas moins de 100 000 points de vente de confiserie en Belgique... Chobisco, la Chambre royale syndicale est une asbl au service de tout le secteur des friandises. 20 000 personnes y sont occupées auprès d'environ 500 artisans, petites, moyennes et grandes entreprises.

Les candy-bars

Les candy-bars (qu'on appelle aussi "snacks", rations en anglais) sont de loin les produits les plus vendus en Belgique. Elles représentent 30 % du marché global avec 24 000 t par an. La caractéristique de ce coupe-faim c'est que le chocolat n'en est pas, comme dans le bâton fourré, la matière essentielle. Le produit étant moins cher, ce sont naturellement les jeunes qui constituent la plus grande part de ses consommateurs. On constate que 91,2 % des ménages belges avec enfants achètent des snacks. Les consommateurs de tablettes et de bâtons veulent du vrai chocolat, tandis que les candy-bars servent à elles seules de mini-repas, de coupe-faim. Elles sont considérées comme plus riches sur le plan énergétique et jouissent d'une image plus "branchée". C'est sans doute la raison pour laquelle le 92 % des ventes se font dans les "grands magasins" en libre-service.

L'invention de la candy-bar est due à l'Américain Milton Snavely Hershey, en 1900 qui invente les "Herschey's Kisses", les bonbons industriels les plus vendus aux États-Unis : l'usine en produit 33 millions par jour! Mais la grande vogue des snacks se situe plutôt en 1923, lorsque Mars lance le "Milky Way".

En 1932, son fils Forrest Mars Jr lance le "Mars" au lait et au caramel (2 millions d'unités par jour) et le fameux slogan : "Un coup de barre, Mars et ça repart !". Dans les années '30, d'autres sociétés de par le monde suivent le mouvement.

Le Hollandais Nuts invente sa barre aux noisettes et à l'extrait de malt. Les Anglais de Rowntree lancent "Kit-Kat" (1935), "Rolo" (1937) et les "Smarties" (1937), dont on produit 10 000 millions de tubes par an en Angleterre. À la fin des années '70, la même société invente le "Lion". (Rowntree est rachetée par Nestlé en 1988, qui ajoute sa propre candy-bar, le "Yes".) En Belgique, De Beukelaer propose très vite le fameux "Zip".

Les boissons cacaotées

Il existe deux types de boissons à base de cacao ou boissons cacaotées : l'instantané en poudre à mélanger avec du lait et le cacao prêt à boire sous forme liquide. La Belgique en consomme par an 60 millions de litres ! 70 % pour l'instantané et 30 % pour le liquide.
La croissance de ce secteur est estimée de 3 à 5 % par an. Voici la consommation en Europe :

1. Espagne (1 250 grammes par habitant)	
2. Suisse	1045 g/hab
3. France	948 g/hab
4. Allemagne	765 g/hab
5. Belgique	370 g/hab
6. Royaume-Uni	364 g/hab
7. Italie	110 g/hab
8. Pays-Bas	105 g/hab

On ne peut justifier ces différences de consommation ni par un clivage entre pays nordiques et sudistes ni par l'influence du climat. Ce sont vraisemblablement des raisons historiques qui expliquent ces variations. En tous cas, on s'aperçoit que les perspectives de développement de ce marché sont intéressantes.
Le cacao instantané est surtout consommé (60 %) par les enfants de moins de 12 ans, tandis que le cacao liquide compte surtout des adeptes chez les 15 à 24 ans.

Dans les deux cas, c'est la mère de famille qui accomplit l'achat. Pour les moins de 12 ans, leur motivation est avant tout de faire boire du lait aux enfants, lait contenant le calcium et le phosphore qui jouent un grand rôle dans la croissance. 47 % d'entre eux le boivent au moment du petit déjeuner.

De Kwatta à Nesquik

Au départ, c'est la marque Kwatta qui dominait le marché belge. Mais la poudre peu soluble, qui se prêtait mal au mélange avec le lait, destinait ce produit aux adultes. Dans les années '50, Nesquik fit glisser progressivement le produit vers le consommateur jeune. L'instantanéité a permis de le consommer froid ou chaud.

Cacao instantané :

Nesquik (Nestlé)	50 %
Ovomaltine (Wander)	7 %
Kwatta (Continental Foods)	3 %

Cacao liquide :

Cécémel (Nutricia)	29 %
Nesquik liquide (Nestlé)	5 %

Notons que la plupart des laiteries proposent, elles aussi, du lait en version chocolatée : en particulier Stabilac (n° 2 du lait, avec 13 % du marché).

Broyage de fèves de cacaoyer (Godiva).

IV. *Le guide des praliniers belges*

Une sélection commentée
de cinquante praliniers belges :
historique, magasins, produits...

Arosa

La Maison du chocolat artisanal
67, rue Marché-aux-Herbes, 1000 Bruxelles.
Tél.: 02/513.78.92.
(Ouverture : de 10 h à 19 h, fermeture dimanche et lundi matin).

Historique

Arosa existe depuis plus de 30 ans (28, Helst, 2630 Aartselaar. Tél. : 03/ 877.35.30) et le magasin de la rue Marché-aux-Herbes depuis une dizaine d'années. Madame Eva Van Peborgh et son fils sont devenus indépendants de l'usine depuis six ans, mais conservent un accord de vente : 3/4 des produits sont fabriqués à Artselaar.

Visite

Le magasin, situé en plein centre touristique de Bruxelles, est frais et propre. Le vendeur utilise un immense gant en cellophane pour la confection des ballotins, assez jolis par ailleurs.

Produits

On propose 52 pralines différentes. On remarque les manons vanille et café ainsi que les assortiments de truffes et les chocolats amers (77 % de cacao). Prix : 790 F/kg.

(L')Art de Praslin

12, rue de Nivelles, 1300 Wavre.
Tél.: 010/22.32.40.
(Ouverture : du lundi au samedi de 9 h 00 à 12 h 30 et de 13 h 30 à 18 h 30).
(Magasins à Wavre, Namur et Bruxelles).

"Nous ne nous sommes pas lancés dans le chocolat, nous y sommes nés." Joël Stevens

Historique

Cette entreprise familiale a été fondée à Bruxelles en 1938. Elle s'est déplacée vers Wavre en 1958. La fabrication est entièrement artisanale. Aucune machine dans l'atelier, puisque le travail se fait au moule et à l'abaisse, et le dressage à la cuiller ou à la poche. Madame Edwige Stevens, gérante, est aidée par Joël Stevens, cinq ouvriers et trois employés.

Visite

La visite s'est faite à Bruxelles (59, avenue du Roi-Chevalier, 1200 Bruxelles). Les prix sont clairement affichés. L'emballage est de papier blanc, retroussé d'un ruban et d'une fleur.

Produits

130 variétés de pralines. On peut aussi demander la création sur mesure d'une praline. Les spécialités, bien connues, sont les manons, les truffes glacées (praliné fouetté à la crème fraîche, dressé à la cuiller et candisé) et les cerisettes. Pour les amateurs de manons, c'est la seule maison où l'on en

trouve de trois sortes : fondant blanc, café et chocolat. Le bonbon à la liqueur en croûte et les orangettes sont excellentes. On trouve plusieurs cuvettes fourrées et fermées à la main, en chocolat, ce qui est assez original. Prix : 1080 F/kg.

Bertrand

30, rue des Croisiers, 5000 Namur.
Tél. : 081/22.34.35.
(Ouverture : tous les jours de 9 h à 18 h).

"La vie de chocolatier permet d'exercer son imagination..."
"Mon regret : ne pas avoir une deuxième vie pour avoir le temps de faire découvrir mes pralines aux Américains puisqu'ils en sont friands !" M. Bertrand

Historique

André Bertrand est installé depuis 1960 dans le centre de Namur. Il s'agit d'une entreprise familiale : son fils Max le rejoint après avoir, lui aussi, reçu une formation de chocolatier couronnée d'une grande distinction.

Visite

Le magasin est sobre et moderne afin de mettre en valeur le chocolat. La climatisation est présente jusque dans l'atelier. Celui-ci est situé au premier étage et comporte un laboratoire d'enrobage et de moulage. André Bertrand est un artisan passionné et sincère. Par exemple, il achète des noisettes dans le Piémont et des pistaches turques qu'il broie lui-même. Madame Bertrand utilise de mignons petits

THE CHOCOLATE LINE
19

gants pour choisir les pralines. Le ballotin est bordeaux avec un dessin doré de la citadelle de Namur. Les prix sont affichés et même traduits en francs français pour les nombreux touristes d'outre-Quiévrain.

Produits

Le chocolatier Bertrand fabrique plus de 50 pralines différentes. De nouvelles variétés, tant par leurs formes que par leurs goûts s'ajoutent constamment suivant les saisons et les tendances du moment. La fraîcheur des produits est le maître mot de la fabrication. Quelques spécialités : les "Délices de Namur" composés de deux pralinés différents, l'un légèrement alcoolisé, l'autre noir et plus cuit, et le "Thé indien". Les ganaches sont toujours légères. Parmi les autres spécialités, notons les pâtes d'amandes particulièrement succulentes, avec une préférence pour les goûts gingembre et orange. Prix : 550 F/kg.

(The) Chocolate Line

19, rue Simon-Stevinplein, 8000 Brugge.
Tél. : 050/34.10.90.
(Ouverture : tous les jours de 10 h à 19 h.
Fermé lundi et jeudi de 13 h à 14 h).

"Le chocolat est une matière première qui donne des possibilités gustatives énormes, auxquelles s'ajoute le charme d'une présentation originale. Tout cela nous incite à créer et à inventer. Ainsi, chocolatier est une profession artisanale qui donne énormément de satisfactions personnelles." Dominique et Fabienne Persoone

Historique

Inauguration de la boutique et de l'annexe-atelier en juillet 1992. Comme dans la plupart des petites entreprises, c'est le travail d'un couple : Dominique et Fabienne Persoone-De Staercke. Dominique sort de l'école hôtelière "De Groene Poorte" à Bruges et passe un an à Paris au Pavillon Montsouris, où les fourneaux sont sous la direction de Jean-Michel Bouvier, ancien de Michel Guérard et de Senderens. Dès son retour, il est engagé dans le restaurant étoilé Le Bouquet, au casino de Middelkerke, où il s'occupe de la pâtisserie. Il retourne en France pour quelques cours de perfectionnement et profite cette fois de l'expérience de Pierre Hermes et Pascal Brustein, deux des meilleurs ouvriers de France. Fabienne, elle, a une formation artistique et s'occupe de la vente et de la présentation. Une vendeuse, Angie, aide efficacement le couple tandis que la famille donne un coup de main le week-end.

Visite

Le magasin est clair, propre, ordonné et beau. Une grande vitrine sépare le magasin de l'atelier. D'un côté du magasin, un comptoir renferme les pralines sur des plateaux carrés. Des bocaux de verre proposent truffes, mousses, blocs de chocolat... De l'autre côté du magasin, une table présente les "fantaisies du mois" en chocolat, comme des Chinois, des animaux, des maisons. Une autre table propose des massepains, des confitures et des cakes faits maison. L'accueil est sympathique. Le ballotin est très beau.

Produits

Tout est fabriqué sur place sous l'œil du client, et doit donc être de première fraîcheur. Aux gammes classiques, The Chocolat Line ajoute quelques goûts exotiques comme les pralines au thé et à la menthe. On trouve des pralines moulées et des enrobées. Il y a une grande variété de fourrées et des truffes à base de beurre et de crème fraîche, ainsi qu'une très bonne pâte d'amandes. La blanche au coco est délicieuse. On trouve également des petits biscuits à base de pâte feuilletée au miel et au chocolat, des madeleines et des carrés-confiture à base de pâte feuilletée maison. Les pralines se vendent au prix de 1000 F/kg.

(Patrick) Claude

Artisan chocolatier
1, rue de la Justice - 5100 Wépion.
Tél. : 081/46.28.64.
Points de vente : Le Comptoir de l'Oliviat (89, rue de la Croix - 5000 Namur. 081/23.14.98), Diffalux (55, rue de Jausse - 5100 Nannine. 081/40.13.00). Pâtisserie Michel Lebutte (10954, chaussée de Dinant - 5100 Wépion. 081/46.01.12), La Ferme Landaise (41, place Sainte-Catherine - 1000 Bruxelles. 02/512.95.39) et Épicerie Fine (510, chaussée de Bruxelles - 1410 Waterloo. 02/354.55.44).

"La noblesse d'une matière telle que le chocolat demande de lui associer, par exemple, lors de la fabrication de pralines, des produits d'une qualité irréprochable. C'est le seul moyen de faire du bon et lorsque c'est bon, il n'y a pas meilleur". Patrick Claude

Historique

M. André Claude, après un compagnonnage chez les plus grands pâtissiers-chocolatiers belges des années '40, crée son magasin dans la région de Charleroi. En 1996, Patrick Claude décide de poursuivre, dans la tradition familiale, l'élaboration de nouvelles créations alliant le classique à la modernité. Après un an d'existence, les projets sont nombreux : stages chez Gaston Lenôtre à Paris et à l'école des Meilleurs Ouvriers de France à Yssingeaux.

Produits

Les chocolats sont réalisés à partir de produits de première qualité : crème fraîche ou alcool. Le chocolat amer employé contient 70 % de cacao et le goût est obtenu grâce à des mélanges réalisés sur place. On trouve par exemple une truffe au chocolat noir d'après une recette réalisée en 1932, un chocolat noir amer au fourrage oriental composé de racines de gingembre confites et massepain artisanal ou cette superbe "pyramide" au chocolat amer et chocolat blanc appliqués au pinceau, avec un fourrage au beurre, chocolat blanc, infusion de café pur arabica et cerneaux de noix du Périgord !

L'artisan prévoit la création de nouveaux produits : pralines à la cannelle, à la ganache aux framboises fraîches, aux grains de cassis marinés, à la bergamotte, mendiants aux fruits secs et malagas macérés à l'armagnac et fruits de la passion...

Corné Port-Royal

SA Vanparys
10, avenue Mercator, ZI Wavre-Nord, 1300 Wavre.
Tél. : 010/24.13.66.
(Siège social : 50, avenue Rogier, 1030 Bruxelles).
40 points de vente, dont 13 à Bruxelles.

Historique

Monsieur Corné fonde sa chocolaterie dans les années '30. Des disputes divisent sa famille en deux sociétés : Corné Toison d'Or et Corné Côte de France. Celle-ci poursuit sa production uniquement en France et revend ses activités belges à Neuhaus-Mondose. Pour éviter la confusion, Corné devient en Belgique Corné Port-Royal. En 1990, la société Vanparys (créée par Englebert Vanparys en 1920) rachète la marque. Aujourd'hui, Robert Vanparys est le président et André, son fils, l'administrateur délégué de cette société dont le chiffre d'affaires est de 222 millions et la production annuelle de 400 t.

Visite

Elle s'est faite au 9, rue de la Madeleine, 1000 Bruxelles. (Tél. : 02/512.43.14. Ouverture : tous les jours de 10 h à 19 h 30). Le magasin est propre et accueillant. Il se veut sobre, avec beaucoup de bois naturel, pour créer une ambiance intimiste très réussie. Le ballotin est doré et coloré.

Produits

Il existe 66 sortes de pralines Corné Port-Royal. Les plus anciennes spécialités sont le "Javanais" et l'"Opéra" ainsi que les manons vanille et café. Signalons également la "truffe glacée" et le "palet or". Prix : 940 F/kg.

Corné toison d'or

Godiva SA
5, rue de l'Armistice, 1081 Bruxelles.
Tél. : 02/422.17.11.

Historique

Fondée vers 1930 par Monsieur Corné, la société se divise en Corné Côte de France (voir Corné Port-Royal) et Corné Toison d'Or. En 1989, Godiva rachète Corné Toison d'Or aux membres de la famille Corné.

Visite

Elle s'est faite au 23, galerie du Cinquantenaire, 1040 Bruxelles (Tél. : 02/733.95.55) dans une des plus anciennes galeries marchandes de Bruxelles, la boutique s'étire tout en largeur. Le comptoir longe la vitrine et n'offre que peu de recul pour apprécier visuellement la marchandise. Les lustres anciens et les boiseries peintes donnent une atmosphère rétro à la boutique qui ne manque pas de charme. Le ballotin est confectionné devant le client avec beaucoup de soin.

Produits

Les pralines sont grosses, typiquement Bruxelloises. Elles sont artisanales. La "Mireille" (manon au sucre de couverture brillant sur fond de crème vanille ou café) fait la renommée de Corné Toison d'Or. La "Cendrillon", sous son enrobage de ganache à la crème fraîche, révèle une association de nougatine et de pâte de mandarine. L'assortiment est large (quelque 80 chocolats artisanaux) et bien équilibré. Prix : 980 F/kg.

Crahay

3, place des Carmes, 4000 Liège.
Tél. : 04/ 222.12.65.
102, rue Puits-en-Sock, 4000 Liège.
Tél. : 04/343.43.86.
(Ouverture du mardi au samedi de 10 h à 18 h 30).

"Nous avons créé cette maison de toutes pièces et tout ce que nous vendons est fait dans notre atelier. Nous voulons une tradition artisanale et familiale..." Michelle Crahay

Historique

Après avoir été durant longtemps pâtissiers-chocolatiers à Spa, Michelle et Ghislain Crahay s'installent à Liège pour se consacrer au chocolat. Tout d'abord rue Puits-en-Sock et, onze ans plus tard, place des Carmes. C'est une véritable entreprise familiale, puisque leur fille s'occupe également de la fabrication.

Visite

Le magasin est propre ; l'accueil est souriant. Toute la gamme est présentée au public. Le ballotin est classique : "kromekote" blanc brillant doublé or, emballé ensuite dans du papier vert ou bordeaux. Les prix sont clairement affichés et l'information sur le contenu des pralines est complète.

Produits

Les pralines moulées sont de deux couleurs. On en découvre de très bonnes à la crème fraîche et un assortiment de plus de huit truffes (nectar de café, champagne, soufflé d'armagnac ou "truffe de Tchantès" au genièvre...). Il en existe aussi une grande variété à base de pâte d'amandes. Originalité : une praline à la crème fraîche avec, à l'intérieur, une dose de "sirop de Liège". Prix : 960 F/kg.

Daskalidès

1, Henegouwenstraat, 9000 Gent.
Tél. : 09/224.36.77.

Historique

Prodromos Daskalidès crée la maison qui porte son nom à Gand. Sa femme ouvrira d'autres boutiques à Knokke, Liège et Bruxelles. En 1963, le salon de dégustation ferme ses portes. En 1971, on achète l'établissement de l'avenue Louise à Bruxelles. Jean et puis Alexandre Daskalidès poursuivent l'entreprise familiale. L'immeuble de Gand, merveilleusement situé derrière la cathédrale Saint-Bavon, est classé. Daskalidès possède un réseau important de distribution.

Visite

Elle s'est faite au 277, avenue Georges-Henry, 1200 Bruxelles (Woluwe-Saint-Lambert). (Ouverture du lundi au vendredi de 9 h à 13 h et de 14 h à 19 h, samedi de 9 h à 19 h. Tél. : 02/225.39.37). Le magasin propose d'autres produits que la praline. La température est climatisée. Les prix sont affichés. Le ballotin possède une fermeture originale. Les couches de pralines sont séparées par un papier rappelant que la firme a reçu en 1987 le "Laurier d'Or" de la qualité et de la tradition chocolatières.

Produits

La spécialité est sans conteste le "cœur au citron".

Debailleul

406, avenue Charles-Quint, 1083 Ganshoren.
Tél. : 02/469.05.35.
(Ouverture : tous les jours, sauf dimanche et jours fériés, de 8 h à 19 h; le samedi jusqu'à 18 h 30).

"Notre spécialité ? Sans cesse "recréer" en restant à l'écoute de notre clientèle..."
Marc Debailleul

Historique

En 1983, Marc Debailleul, Meilleur Ouvrier de France, crée son entreprise de fabrication de pâtisseries fines, glaces et sorbets. En 1995 la gamme complète des pralines est lancée. Celle-ci se compose de pralines moulées (façon belge), d'autres enrobées (façon française). Les pralines sont également en vente chez ROB (Bruxelles), chez certains traiteurs et épiceries fines (Belgique), à Berlin (Allemagne) et à Tokyo (Japon). Elles viennent d'être remarquées et couronnées par le Club des croqueurs de chocolat (France).

Visite

Le magasin est sobre et élégant. On tourne autour du comptoir central en loupe de noyer pour choisir les produits. Les pralines assorties en ballotins sont gardées dans un frigo spécial. Le ballotin, réalisé en carton imitation loupe de noyer contient 50, 125, 250 ou 600 g nets de pralines.

Produits

La gamme de pralines se compose de chocolat au lait, blanc et noir (70 % masse de cacao). L'intérieur est moelleux, croquant, crémeux ou onctueux suivant les compositions. Celles-ci varient du classique – l'éventail des différents pralinés –, au raffiné – les ganaches aux infusions de vanille, de fruit ou de thé –, ou – au créatif – les associations ganache/ pâte de fruit.

Aucun colorant, conservateur ni additif n'entre dans la fabrication 100 % naturelle. De plus, les pralines sont volontairement petites – environ 10 pièces pour 100 g – afin de multiplier le plaisir du consommateur. Prix : 1300 F/kg.

DEBAILLEUL

Déesse

(Chocolaterie Déesse, SPRL)
118, Wolterslaan, 9000 Gent.
Tél. : 09/228.15.27.

"Notre but est de proposer un produit entièrement artisanal et haut de gamme. Nous espérons répondre ainsi avec enthousiasme et amour du métier aux plus grandes exigences de notre clientèle." La famille De Sutter

Historique

La chocolaterie Déesse a été fondée après la Deuxième Guerre mondiale par Monsieur et Madame Josef De Sutter. Celui-ci a suivi diverses formations chez les meilleurs pâtissiers de Gand et a commencé par vendre ses produits dans les deux Flandres. En 1975, la société devient une sprl.
Le fils de Josef, Patrick, donne une nouvelle impulsion à la société et étend sa clientèle jusqu'au nord de la France et en Wallonie. Aujourd'hui, Alexandre, la troisième génération De Sutter, collabore aussi à la chocolaterie, après avoir fréquenté l'école hôtelière "Ter Groene Poorte" à Bruges.

Visite

Il faut signaler que ce pralinier est un fabricant (pas de vente au détail). Mais il est suffisamment intéressant pour ne pas être passé sous silence.

Produits

La spécialité est la praline aux liqueurs de grandes marques. On découvre ainsi la gamme la "Marquise" (ganache, cognac, fine champagne). Le "Merveilleux" (crème chocolat au Grand-Marnier), etc. Les pralines ne sont pas trop grosses et la couche de chocolat est d'une bonne épaisseur. On trouve beaucoup de pralines moulées. Excellente finition. Prix : 1000 F/kg.

De Hucorne-Fronville

5, rue de Fer, 5000 Namur.
Tél. : 081/ 22.23.72.
(Ouverture : du lundi au samedi de 9 h à 18 h).
(Également depuis 1992 : La Maison des Desserts, 17, rue Haute-Marcelle, 5000 Namur.
Tél. : 081/ 22.74.51. Ouverture : du mardi au dimanche, de 8 h 30 à 19 h).

"J'exerce ce métier par amour du chocolat et... parce que j'ai grandi dans un atelier de fabrication artisanale." Étienne de Hucorne

Historique

La maison fut créée en 1946 par Madame Fronville et reprise par son neveu Étienne de Hucorne en 1974, d 'où le double nom de la chocolaterie.

Visite

Le magasin de la rue de Fer se situe dans l'artère commerciale la plus importante de la ville en dehors du secteur piétonnier. Le magasin est petit, étroit, agrémenté de porcelaines. L'ambiance est classique. Les pralines sont délicatement déposées dans le ballotin. Celui-ci est alors enrubanné.

Produits

Les spécialités maison sont les "Biétrumés de Namur". il s'agit d'un caramel mou au beurre et au chocolat, à base de crème fraîche cuite avec des noisettes grillées. Le manon en sucre fondant est succulent. Toutes les pralines à la crème fraîche sont très bonnes et fabriquées à base de produits de première qualité. Le praliné feuilleté possède un délicieux arrière-goût de fruit sec grillé. Prix : 990 F/kg.

Del Rey

5, Appelmansstraat, 2018 Antwerpen.
Tél. : 03/233.29.37.
(Ouverture : de 9 h à 18 h 30, sauf dimanche).

"Mon père était boulanger et j'adore le chocolat. Dans ce métier, on a beaucoup de possibilités pour jouer avec les combinaisons de chocolats et de goûts divers..." Bernard Proot

Historique

La maison a été fondée en 1949. Aujourd'hui, c'est la troisième génération représentée par Anne Seutin et Bernard Proot qui préside à ses destinées et dirige une équipe de 23 personnes ("Relais Dessert 1993").

Visite

Ce très beau magasin est installé dans le centre d'Anvers, près du Meir. Sa décoration dans les tons pastel allie l'ancien et le moderne. On trouve dans le grand comptoir 70 sortes de pralines sur deux ou trois étages. La climatisation est agréable, comme l'accueil. On peut consommer dans le salon de dégustation contigu. Les vendeuses en uniforme printanier donnent des conseils avisés avec le sourire. Les prix sont indiqués.

Produits

Le manon au sucre est parfait, sans doute un des meilleurs de Belgique... Les orangettes sont originales et délicieuses. Il y a un très bon nougat avec pistaches. La cerise au kirsch est originale dans l'exécution. Prix: 1 350 F/kg.

(Les) Délices de Mélanie

27, rue Grétry, 1000 Bruxelles.
Tél. : 02/ 217.90.31. (Ouverture : de 10 h 30 à 18 h 30 lundi, mardi et mercredi ; jusqu'à 19 h 30 jeudi, vendredi, samedi).

"Afin que la qualité et l'innovation soient constantes, nous cherchons les petits artisans qui fabriquent eux-mêmes les produits: liqueurs, fruits, etc. Je teste moi-même et je suis intransigeante : c'est de cette façon seulement qu'une boutique de prestige a sa raison d'être et peut exister, voire prospérer." Madame Nadine

Historique

Mélanie Draps, 3e génération de chocolatiers décide de se lancer dans la fabrication de truffes, puis elle étend sa gamme aux pralines. Le superbe magasin tenu par Madame Nadine est en place depuis fin

1994. Rien ne la prédestinait à la chocolaterie mais, une fois dans la profession, non seulement elle s'est documentée, a suivi des stages, s'est intéressée à tout ce qui touche au chocolat, mais elle est devenue une vraie passionnée. Deux autres magasins existent à Stockel et également au Karreveld.

Visite

La boutique est un modèle du genre : lustre de cristal, décoration claire, bref tout ce qui donne une âme à une boutique traditionnelle de chocolats. Madame Nadine sert avec le sourire (elle avoue trouver très intéressants les contacts avec la clientèle, comme si elle exerçait une psychothérapie...), en utilisant un gant, et elle possède une connaissance incontestable de ses produits. Elle s'est également spécialisée dans les baptêmes, communions et mariages. Les ballotins sont blancs et comportent les indications de conservation et de péremption. Rien de surprenant, dans ce contexte, à ce que Sa Majesté la reine fasse téléphoner de temps en temps pour passer une commande...

Produits

Mélanie Draps propose 65 sortes de pralines. Elle travaille avec des moules faits à la main. Parmi ses spécialités : 9 truffes dont la "Mélanie" (une truffe enrobée d'amandes), le "Rachmaninov" (une praline en forme d'instrument de musique de ganache pure), la pâte d'amande, la cerise au marasquin. L'intérêt de la gamme est aussi qu'elle est assez large pour satisfaire tous les goûts : on y trouve ainsi de petites et de plus grosses pralines, des sucrées et des moins sucrées, de vrais et de "faux" manons, etc. "C'est le client qui choisit et qui a raison", dit-on. Prix : 950 F/kg.

Demaret

89, voie de la Chocolaterie, 4651 Battice.
Tél. : 087/ 67.50.06.
(Ouverture : en saison, du lundi au jeudi, de 8 h à 17 h et vendredi de 8 h à 12 h 30).

"La chocolaterie est un métier directement dérivé de la pâtisserie, qui offre de nombreuses possibilités de création de goûts nouveaux." Godefroid Demaret

Historique

La société, fondée en 1981, possède quatre points de vente dans la région : Demaret Chocolatier, 90, rue de Heusy, 4800 Verviers; Pralinel, 22, rue Neuve, 4860 Pepinster; Pinnochio, 12, Klötzerbahn, 4700 Eupen; La Source des Manons, 58, rue Lamberts, 4840 Welkenraedt. Cinq Demaret s'occupent de la société : Godefroid, Bethy, Nathalie, Corinne et Bénédicte.

Visite

La visite s'est faite au magasin de la rue de Heusy à Verviers. Une merveille de vitrine en arc de cercle abrite un texte superbe sur le chocolat dans un sous-verre : "Tentation diabolique et divin réconfort. Source de jouissance entourée de mystère...". Le magasin est entièrement en bois clair, sur les étagères trônent des porcelaines de Limoges et des bocaux; sur les murs des reproductions d'anciens emballages de chocolat de Verviers : Defrance ou Aiglon. Les prix sont clairement affichés. Les ballotins sont blancs brillants et cuivrés et imprimés du logo. Partout l'accent est mis sur les "saveurs d'un grand chocolat".

Produits

La maison fabrique plus de 80 sortes de pralines. Les spécialités sont les pralines enrobées, les manons à la crème fraîche, les truffes, les orangettes et les mendiants. On annonce aussi une spécialité de manons aux fruits. On peut trouver une gamme de chocolats diététiques qui ne contiennent pas de sucre.

(La) Désirade

3, rue Chapelle-Rahier, 4280 Lens-Saint-Remy (Hannut), Tél. : 019/51.08.07. (Ouverture : tous les jours, sauf jeudi, de 9 h à 12 h et de 13 h 30 à 18 h 30).

3, rue des Fripiers, 5000 Namur. (Ouverture : tous les jours, sauf dimanche et lundi , de 10 h à 12 h et de 13 h à 18 h).

(La maison mère est située 73, rue Albert-Ier. Tél. : 019/51.18.33. Ouverture : de 9 h à 12 h et de 13 h 30 à 18 h 30, sauf mardi).

"Le chocolat est une passion, dans laquelle je peux m'exprimer de multiples façons. J'ai voulu relever le défi de travailler la qualité des produits frais, sans arômes ni colorants, au détriment de la quantité." Dominique Docquier

Historique

Maison fondée par l'actuel directeur et fabricant, Dominique Docquier, et par sa femme, en juillet 1992. Monsieur Docquier est diplômé de l'école du CERIA et a travaillé chez Nihoul, Schevenels et Galler.

Visite

Le décor est simple et l'accueil sympathique. Dominique Docquier lui-même passe parfois de l'arrière du magasin, où il travaille artisanalement, à la boutique pour recevoir les clients. Il confectionne le ballotin souhaité avec la main droite gantée. Le ballotin ressemble à un coffret à bijoux.

Produits

Les spécialités de la maison sont la praline au péquet, la bûchette blanche à la cannelle, la cerise au marasquin et les pralines à la crème fraîche. Il en existe, en effet, un grand choix, et elles sont délicieuses. La cuvette au caramel et noisettes est excellente. Prix : 850 F/kg, 900 F pour les manons et les orangettes, 800 F pour les truffes.

Dossche

61, Landjuweelstraat, 9050 Ledeberg. Tél. : 09/231.25.15.

"Fabriquer du chocolat est un rêve d'enfant, d'ailleurs j'en fabrique depuis l'âge de 14 ans !" Monsieur Dossche

Historique

La chocolaterie Dossche a été fondée en 1968 par Étienne Dossche et elle est devenue une SPRL en 1987. Tous ceux qui, dans l'atelier, s'occupent du chocolat autour d'Étienne Dossche, sont diplômés "Suiker en chocolade bewerker".

Visite

La vitrine du magasin est décorée de poupées et de boîtes cadeaux. Le comptoir occupe toute la longueur de la vitrine. Les pralines sont disposées dans de grandes boîtes. Le tarif est affiché derrière le comptoir. Le magasin a été rénové cette année.

Produits

Spécialités de pralines, de truffes, de caraques, évidemment fabriquées dans la maison. Les pralines sont grosses et la couche de chocolat épaisse. Prix: 480 F/kg.

Druart

13, rue de Boughors, 7387 Angreau (Honnelles)
Tél. : 065/ 75.95.21.
(Ouverture : du lundi au jeudi de 9 h à 12 h et de 14 h à 17 h, samedi de 10 h à 12 h 30).

"Le chocolat est une matière très féminine et si, par malheur, je ne pouvais plus en manger moi-même, je ne pourrais sans doute plus en fabriquer !"
Camille Druart

Historique

Camille Druart est diplômé de l'école hôtelière de Namur, avec un 1er prix de cuisine. Il a fait des stages dans une série de restaurants prestigieux : Chez Septime à Liège, Chez Christopher et L'Écailler du Palais Royal à Bruxelles, ainsi que dans des pâtisseries. Il a suivi également un stage de perfectionnement en chocolats "haut de produits" en 1994 à l'école Lenôtre. C'est en 1982, après un stage d'un an chez un vieux chocolatier de la région, que la mère de Camille Druart décide d'installer dans leur maison de campagne un petit atelier de fabrication de pralines et d'en faire son hobby. En 1983, elle y associe son fils. Il demande quelques mois de réflexion et voyage en Chine. C'est là qu'il a son premier coup de foudre, puisqu'il rencontre à Pékin sa future épouse, Ma Kegeng; son second aura lieu au retour pour le chocolat ! Aujourd'hui, l'artisan-chocolatier exporte surtout vers la France, mais aussi vers l'Arabie et la Grande-Bretagne. Et, bien sûr, il participe à des expositions en Chine!

Visite

La boutique et l'atelier se trouvent à l'arrière d'une maison particulière. La marchandise est exposée sur le comptoir en L dans le magasin de l'atelier. Le chocolatier Druart y propose aussi la création du mois, recette originale et éphémère présentée un mois durant (praline à la kriek et aux cerises du Nord, ganache au gingembre et vin de fleurs de laurier...) On trouve différents types d'emballages, dont une boîte de luxe exclusive Druart (Lézard rouge, les Fleuris...) et des emballages originaux pour les fêtes. Le sourire est accueillant. On trouve dans les colis une carte et un plan d'accès, surtout destinés à la clientèle française.

Produits

Une quarantaine de pralines artisanales sont proposées en 4 sortes de blanc, 10 de lait et la majorité en noir (70 % de cacao), mais aucune crème fraîche. Citons : l' "Orangine noire" (crème de noisettes au parfum naturel d'orange) ou le "Matignon lait" (crème au beurre chocolatée, parfumée au rhum avec raisins macérés au rhum). Il y a une très bonne praline à la crème et au coco râpé dans du chocolat noir ("Bahia") et un très bon truffé. Vaut le détour.

Efdé

3, rue de l'Harmonie, 4800 Verviers.
Tél. : 087/34.00.02.
(Ouverture : de 9 h à 18 h 30).

"Rien ne nous destinait à ce métier, puisque mon mari était électricien. Ce fut un coup de foudre inexplicable... l'amour du chocolat !"
Madame Michel

Historique

Cette maison a été fondée en 1946 par M. Fernand Defrance, dont les initiales ont donné la marque F.D. Depuis une vingtaine d'années, ce sont Monsieur et Madame Michel, rejoints par leur fils à l'atelier, qui en sont propriétaires, après avoir été formés par M. Defrance. Tant l'agencement de la boutique que la création des pralines poursuivent la tradition lancée dans les années '40 pour le plus grand plaisir des clients de la région verviétoise.

Visite

Le magasin est situé dans une rue commerçante de la ville, réputée pour le luxe de ses boutiques. La décoration intérieure est composée de porcelaines de Limoges, porcelaines françaises, grès, articles de baptême. Le comptoir de pralines en présente environ 50 sortes. Les ballotins sont préparés selon le goût du client. Ils sont faits d'un emballage d'or et de papier blanc.

Produits

Toutes les pralines sont réalisées dans la maison, ainsi que les paquets de chocolat. Les spécialités sont les manons, le massepain à l'orange, ainsi que les cuvettes à la crème fraîche. Beaucoup de pralines sont moulées, mais d'autres sont fabriquées à l'ancienne et possèdent des formes irrégulières. La crème fraîche est très appréciée de la clientèle. Les acheteurs étrangers sont nombreux (Allemagne, Espagne, France...) et on a prévu des boîtes spéciales pour l'expédition, y compris dans des pays chauds (Australie...). Prix : 680 F/kg.

Franz

24, rue Saint-Gilles, 4000 Liège.
Tél. : 041/ 23.06.46.
(Ouverture : du lundi au samedi de 9 h à 18 h 30).

"J'aime le chocolat en tant que consommateur et en tant que producteur. Pâtissier de formation, aimant créer, imaginer, découvrir des harmonies nouvelles, je me suis intéressé à la chocolaterie et j'y ai découvert un métier passionnant." M. Franz

Historique

La maison a été fondée en 1985. Elle occupe deux personnes à la production (un pâtissier et un chocolatier-pâtissier diplômé du CERIA) et deux personnes à la vente.

Visite

Le magasin est particulièrement propre. La présentation des pralines est sobre. Le personnel est à même de donner des explications sur les produits. Le tarif sur le comptoir est en... chocolat! Le ballotin est blanc avec le mot Franz en lettres repoussées.

Produits

L'enrobage du manon se décline en chocolat blanc, au lait et fondant. Excellent praliné feuilleté. Généralement, toutes les pralines sont peu sucrées et c'est leur atout majeur. La gamme comporte beaucoup de crème fraîche. Cette particularité est souhaitée par la clientèle.

GALLER

Galler

39, rue de la Station, 4051 Chaudfontaine.
Tél. : 04/367.22.11.

"Chocolat... mot magique ! Prononcez-le et les regards s'illuminent... Qui n'a pas un savoureux souvenir chocolaté endormi au chaud de sa mémoire ?" Jean Galler

Historique

Fondée par Jean Galler en 1976, la chocolaterie Galler est avant tout familiale. Fournisseur de la cour de Belgique, Jean Galler envoie ses chocolats aux quatre coins du monde : Londres, Tokyo, Paris... En Belgique, 4 adresses gourmandes :

- Bruxelles : Grand-Place, 44, rue au Beurre. (7 jours sur 7).
- Liège : 2, rue du Pot-d'Or. (Tous les jours, sauf dimanche).
- Wavre : 13, rue du Commerce. (Du mardi matin au samedi soir).
- Vaux-sous-Chèvremont : 30, rue C.-Balthasart. (Tous les jours sauf dimanche).

Visite

La visite s'est faite à Liège. Idéalement situé en plein "Carré", ce temple du chocolat décline ses douceurs sous toutes les formes. Superbe boutique à l'ancienne où, dans une ambiance particulièrement accueillante, les vendeuses aux gants immaculés vous révéleront avec passion les secrets de chaque praline. Magnifique ballotin laqué, élégamment coiffé d'un large ruban et d'une décoration florale. La disposition intérieure savamment étudiée permet de passer d'un plateau à l'autre sans bousculer les pralines.

Produits

"L'Extrême", un palet de ganache noire enrobée de chocolat à 70 % fera le bonheur des amateurs de chocolat pur. Merveilleuse "Manon" et très "goûteuse" praline au thé Earl Grey. Mariages de goûts originaux et réussis comme dans la praline "Orient", un truffé au miel et pistaches entouré de chocolat blanc. Savoureux pralinés feuilletés. Assurément une des meilleures adresses du pays... Prix 890 F/kg.

Gartner

296, Manebruggestraat, 2150 Borsbeek.
Tél. : 03/ 366.25.25.
(Ouverture : de 8 h 30 à 17 h 30).
Autre point de vente à l'Inno d'Anvers.

Historique

L'histoire de Gartner commence il y a 50 ans quand Walter Gartner compose, avec beaucoup d'amour, sa première praline.

À ce jour, l'entreprise produit une gamme unique de 60 pralines. Environ 60 % de la production annuelle (250 t) est livrée à travers le monde par transports climatisés. À côté de la plupart des

GARTNER

pays européens, les débouchés les plus importants sont le Japon, l'Australie et les Émirats.

Visite

Le magasin est situé à l'Inno d'Anvers. Les chocolats sont placés dans un petit comptoir réfrigéré. La vendeuse confectionne le ballotin avec un gant et donne les explications souhaitées avec le sourire. Les prix sont indiqués clairement, mais il n'y a pas d'information sur le contenu des pralines.

Produits

L'originalité des formes pique la curiosité. Il y a peu de pralines moulées, la plupart, sont des pralines coulées, achevées et décorées à la main. Les formes de la "Vatel" et de la "Truffe Glacée" sont très originales. La grande variété des articles à base de crème est remarquable. On en compte une douzaine avec des goûts aussi variés que le whisky, le caramel, la purée de marron ou les amandes. Dans cette gamme, un grand nombre est composé de cuvettes décorées de chocolat ou d'amandes effilées.
Les deux sortes de Gianduja, l'une aux amandes et l'autre aux noisettes, sont remarquablement emballées.
La variété des truffes est également remarquable. La truffe "Sabayon" est originale. Il est rare de trouver sur le marché belge du massepain au chocolat blanc, ici il est relevé avec de l'ananas confit. Les orangettes sont très savoureuses et existent en chocolat noir ou chocolat au lait.

Gillet

4, place Reine-Astrid, 1090 Bruxelles.
Tél. : 02/425.31.20. (Ouverture : du mercredi au samedi, de 9 h à 19 h).

"J'ai craqué en 1981 pour ce bijou noir !"
Claude Gillet

Historique

C'est à Pâques 1981 que Claude Gillet se lance à son tour dans l'artisanat du chocolat. Il reprend le magasin fondé par son grand-père en 1923 et géré, entre-temps, par son père.

Visite

Sur la même place commerçante de Jette, on trouve d'autres grands noms du chocolat. Le magasin est propre et frais. La vendeuse utilise un gant pour servir. Le ballotin est de couleur blanche.

Produits

Le manon au chocolat blanc est placé sur un disque de massepain. Le manon café au sucre fondant est très bon. Tous les deux comportent une crème blanche "enrichie" en beurre. Prix : 1 180 F/kg.

GODIVA

Godiva

5, rue de l'Armistice, 1081 Bruxelles.
Tél. : 02/422.17.11.

Historique

Pierre Draps fabrique dès 1929 des pralines pour les grands magasins. Son fils Joseph crée en 1946, avec sa femme Gabrielle, la marque Godiva, pressentant le besoin de luxe qui va s'emparer du monde après la Deuxième Guerre mondiale. En 1958, Godiva s'installe rue Saint-Honoré à Paris et en 1966 sur la 5e Avenue à New York. Godiva possède des points de vente dans le monde entier, sous forme de magasins propres, de magasins franchisés ou de "Shops-in-the-Shop", comme chez Harrods à Londres ou Saks aux États-Unis. On retrouve Godiva dans presque tous les "Duty free" des aéroports du monde. Son chiffre d'affaires est d'un milliard de FB, dont 60 % à l'exportation.

Visite

Elle s'est faite au 22, Grand-Place, 1000 Bruxelles (tél. : 02/ 511.25.37. Ouverture: tous les jours de 9 h à 22 h et à partir de 10 h le dimanche), sans doute le point de vente le plus prestigieux de Godiva. C'est aussi l'archétype du "look" Godiva : couleurs or et noir, comptoirs panoramiques, ballotins de forme exclusive. Ce magasin est très fréquenté par les touristes de passage. Ils y trouvent les somptueux emballages saisonniers et leurs pralines assorties qui font des cadeaux d'une variété toujours renouvelée, mais aussi une gamme d'assortiments préemballés, bien protégés pour le voyage et qui permettent de faire des achats à tous prix et en toutes saisons.

Produits

Très bel ensemble comportant de nombreuses pralines enrobées. Parmi les moulées, beaucoup ne sont pas à fond plat, mais avec un double relief permettant de marier plusieurs saveurs. Les pralines Godiva sont connues pour leur goût de cacao prononcé (50 % minimum pour le fondant, plus de 70 % pour l'extra noir !). Le poids des pralines varie de 5 à 15 g. Le manon pèse aux alentours de 26 g. Certaines pralines enrobées comportent plusieurs couches de chocolat différentes. Prix: 1 190 F/kg.

Goossens

6, Isabellalei, 2018 Antwerpen.
Tél. : 03/239.13.10. (Ouverture : du lundi au samedi de 8 h 30 à 18 h 30).

" J'aime ce métier parce que le chocolat est sans limites : créations, divertissements, goûts, présentations... Et c'est pour cette raison que je possède l'amour du métier." Erik Goossens

Historique

La chocolaterie Goossens existe depuis 1955. René Goossens en fut le directeur et le maître

chocolatier durant 40 ans, avant que son fils Erik ne reprenne l'affaire en 1991.
René Goossens est, par ailleurs, professeur à l'école des classes moyennes (CMO) d'Anvers, président d'honneur de la FENACO (Fédération nationale des patrons chocolatiers et confiseurs de Belgique) et membre de divers jurys, tel celui d'Intersuc à Paris ou du Club européen.

Visite

Un magasin tout en longueur, climatisé. La vendeuse utilise un gant. Ses conseils sont judicieux et elle est souriante. Les prix des pralines sont clairement indiqués. De plus, un prospectus disposé sur le comptoir informe la clientèle. Le ballotin est de couleur bordeaux.

Produits

Les spécialités dans le domaine de la praline sont le "diamant candisé", les "palets de Rubens", "étoile européenne", "Fabiolet".
Le maître chocolatier est aussi créateur des "Antwerpsch Handjes", "Logos", etc.
Les pralines moulées sont décorées à la poche ou au cornet. Excellente praline à la liqueur en croûte. Différents articles en massepain et chocolat sont adaptés aux circonstances. On trouve aussi des sculptures en chocolat.
Prix : 1 180 F/kg.

Irsi

15, rue du Bailli, 1050 Bruxelles.
Tél. : 02/648.70.50. (Ouverture : du lundi au samedi de 8 h 30 à 19 h).(Second point de vente tenu par la belle-fille de Monsieur Corne : 176, chaussée de Bruxelles, 1410 Waterloo. Tél. : 02/354.66.21).

"J'ai toujours travaillé en famille. Je suis très fier de voir mes enfants poursuivre le métier de leur père! Une des raisons, outre celle de la passion du chocolat, est que jamais je ne me suis plaint en face d'eux des nécessaires inconvénients de ce métier, mais toujours de ses côtés enthousiasmants. Je crois que c'est un bon moyen pour transmettre sa passion." Norbert Corne

Historique

Fondée en 1926, cette maison est toujours restée à la même adresse. Société familiale, elle est dirigée aujourd'hui par Monsieur et Madame Norbert Corne-Dupont, leurs deux fils, Florent et Jean-Marie, et leur fille Marie-Anne.

Visite

Le magasin, climatisé, est situé dans un quartier animé, fréquenté par des jeunes et des artistes. Il est décoré comme une vieille maison de tradition au style de bonbonnière anglaise. Les rayons et étagères présentent des objets de porcelaine et divers articles-cadeaux à garnir, ainsi qu'un vaste choix d'articles de baptême. Les prix sont affichés.

Produits

Vaste choix de plus de 70 variétés de pralines diverses, ainsi que des spécialités de la maison : les six sortes de manons et les pralines à la crème fraîche. Les pâtes de fruits de la maison occupent à elles seules tout un comptoir. Pour les clients pressés, des ballotins préparés sont proposés avec l'assortiment maison. Une des meilleures maisons belges. Prix : 960 F/kg.

Laubach

17, rue du Postillon, 1180 Bruxelles (Uccle).
Tél. : 02/346.22.52.
(Ouverture : du mardi au samedi, de 9 h 30 à 18 h 30).

"J'ai une passion dévorante pour le chocolat depuis ma plus tendre enfance. Je ne passe pas une seule journée sans en croquer. J'ai eu l'envie de m'installer, de m'exprimer et d'offrir un produit artisanal en respectant les traditions." Francis Laubach

Historique

Le magasin s'est ouvert en 1993... le 1er avril ! Il est tenu par Monsieur et Madame Francis Laubach, qui a acquis son expérience en travaillant pendant 20 ans dans une prestigieuse pâtisserie de l'avenue Louise.

Visite

Petit magasin propre qui se consacre exclusivement au chocolat. Les prix sont indiqués. Le beau ballotin est blanc, imprimé d'or à chaud avec un ruban bleu. On peut voir, dans le fond du magasin, le laboratoire, le marbre, la tempéreuse, des moules...

Produits

Une gamme de 60 pralines différentes est proposée. Le chocolat blanc est très bon, ainsi que le truffé entre deux couches de nougatine. La ganache au rhum et raisins est très réussie. La cerise au kirsch est excellente. Bel équilibre entre crèmes fraîches, ganaches, pralinés et fondants. À remarquer un chocolat pour diabétiques en blanc, noir ou lait, proposé en tablettes. Prix : 980 F/kg.

(Maison) Léger

Olivier, Pierre et Renaud Léger
55, rue de la Station, 7850 Enghien.
Tél. et Fax : 02.395.38.74.
Autre point de vente : Sucré-Salé,
24A, rue E.-Cambier, 7800 Ath.
(Ouverture : du mardi au samedi, de 9 h à 19 h.
Dimanche, de 10 h à 13 h).

Historique

C'est au fond des casseroles de leur maman qu'a débuté l'aventure des frères Léger. En 1994, tous trois titulaires d'un diplôme d'ingénieur, ils décident de mettre en commun leurs talents individuels. Le mémoire de fin d'études d'Olivier ayant pour thème "l'analyse sensorielle du chocolat", il a la chance de pouvoir rencontrer beaucoup de chocolatiers expérimentés. C'est ainsi que se déclare sa passion. Pour développer des produits de qualité, il faut du matériel bien spécifique. Intervient alors Renaud, le cadet, qui met au point une tempéreuse en rassemblant une cuve en inox, un ordinateur... et beaucoup d'ingéniosité, celle-ci fait aujourd'hui partie du musée familial cédant la place à du matériel plus professionnel. L'engouement des Enghiennois pour le produit est tel que Pierre, l'aîné, entre dans l'affaire pour gérer ses aspects commerciaux.

Visite

Le magasin est aménagé avec goût autour de meubles anciens dans une maison particulière. Il est légèrement décentré par rapport au centre-ville. Le ballotin classique (il est "spécial" pour les fêtes) est en vichy vert, bleu ou bordeaux. Sa fermeture est agrémentée d'une petite fleur, que le client choisit lui-même dans un panier sur le comptoir. Un dépliant explique les articles et conseille les amateurs.

Produits

Deux pots de chocolat à tartiner sont proposés : 280 ml et, pour une personne, 30 ml. Il existe 12 sortes de bâtons de chocolat (dont l'emballage peut être personnalisé) : blanc noix de coco, noir praliné, etc. Le "spécial noir maison Léger" est très noir ! Les creux possèdent parfois trois couches : chocolat, praliné et chocolat. Quant aux pralines aux noms originaux ("Spirale", "Dame", "Hérisson"...), les meilleures sont sans doute celles à la crème fraîche et à la ganache au Grand-Marnier. Prix : 680 F/kg.

(Jean-Loup) Legrand

19, place du Monument, 4900 Spa.
Tél. : 087/77.13.56.
(Ouverture de 9 h à 12 h 30 et de 14 h à 18 h 30 du mardi au dimanche).

"La passion du chocolat m'est venue au fil du temps, particulièrement pour le travail du chocolat et la possibilité de créations uniques." Jean-Loup Legrand

Historique

La pâtisserie a été fondée en 1980. On y fabriquait également des pralines. C'est en 1987 que le magasin s'ouvre et qu'il est entièrement consacré au chocolat.

Visite

Le magasin est situé dans le centre de Spa, et son atelier est visible, grâce à des portes et des parois vitrées, à l'arrière du magasin.

Produits

On trouve des truffes, des orangettes, des citronnettes, des quartiers d'ananas, des cerisettes, mais aussi des pralines, évidemment. Des pralines à la liqueur, en particulier, avec les spécialités locales : pralines à l'élixir de Spa et au Pékèt des Houyeux. Des mendiants à 900 F/kg et des bâtons à 30 F pièce. On trouve aussi divers sujets – les œufs de Pâques, les bûches, sabots, boîtes et sujets de Saint-Nicolas, et on peut selon la saison faire réaliser des créations personnelles. Prix : 940 F/Kg.

Mahieu

4, place Dumon, 1150 Stockel. Tél. : 02/772.72.45. (Ouverture : du mardi au vendredi, de 7 h 30 à 19 h; samedi, de 7 h à 19 h, et dimanche de 7 h à 13 h).

"La création du département chocolat était pour nous une suite logique de l'évolution constante de notre entreprise et le fait de la recherche de produits de qualité. Personnaliser nos chocolats était aussi une façon de nous affirmer dans ce secteur, afin de permettre à notre clientèle d'effectuer tous ses achats sucrés au sein de la même maison de bouche." Freddy Mahieu

Historique

La pâtisserie a été fondée par Monsieur et Madame Freddy Mahieu en 1978. Aujourd'hui, le personnel compte 40 membres.

Visite

Les pralines sont présentées dans un espace au centre du magasin de pâtisseries. Le comptoir est en marbre vert climatisé et recouvert de vitres. Une douzaine de personnes s'occupent du magasin et des commandes. Les vendeuses ont le sourire, sont compétentes et vous servent avec un gant en plastique transparent jetable. Le décor est sobre.

Produits

Évidemment, on trouve beaucoup de pâtisseries. Du côté de la pralinerie, on observe un bel équilibre entre les enrobées et les moulées. Les pralines sont petites. Excellente adresse. Prix : 1 075 F/kg.

Léonidas

43, boulevard J.-Graindor, 1070 Bruxelles. Tél. : 02/522.19.57.

Historique

Léonidas Kestekidès, le fondateur, récompensé en 1913 par la médaille d'or à l'Exposition universelle de Gand à laquelle il avait pris part et retenu par une belle Bruxelloise qu'il épousa, s'installe en Belgique et ouvre ses premiers magasins à Bruxelles, Gand et Blankenberge. En 1935, il fonde au boulevard Anspach à Bruxelles le légendaire magasin installé à front de rue, où l'on achète – à un prix moindre et en vrac – les pralines réputées pour leur qualité et leur fraîcheur. En plus de la première usine se trouvant en face de la Bourse de Bruxelles, une deuxième et une troisième sont créées à Anderlecht en 1983 et 1993, preuve d'une société en bonne santé, réalisant un chiffre d'affaires de l'ordre de 3 milliards. Léonidas produit 2/3 des pralines belges, commercialisées dans 1750 points de vente répartis dans le monde, dont 535 en France par exemple à Paris, Marseille, Toulouse, Antibes, Bordeaux, Nice, Calais, Charleville-Mézières, Dijon, Grenoble, Cognac, Lyon, Limoges, Nantes, Perpignan, Strasbourg (le prix maximum est de 148 FF/kg TTC).

Visite

Elle s'est faite au légendaire magasin du 46, boulevard Anspach, 1000 Bruxelles (Tél. : 02/218.03.63. Ouverture : tous les jours, de 9 h à 19 h et le dimanche de 10 h à 18 h).

LÉONIDAS

L'éclairage est diffus, deux grands lustres de cristal sont situés au-dessus de la table de travail. Le grand comptoir est ouvert sur la rue, sur une dizaine de mètres de façade. La tenue des vendeuses est le traditionnel tablier jaune. Toutes portent un gant à la main droite.

Produits

La praline Léonidas est la plus vendue en Belgique. Outre la gamme traditionnelle comprenant 83 sortes de pralines, Léonidas fabrique des caramels, des coquillages et des fruits de mer en chocolat, des liqueurs pures, des figurines, des articles en chocolat creux à garnir et des articles saisonniers. Le fameux "manon Léonidas", enrobé de chocolat blanc, inventé et lancé par la firme dans les années '80, est celui qui a remplacé le manon classique en sucre fondant de notre pays. Prix : 460 F/kg.

Marcolini

137, avenue Reine-Astrid, 1950 Kraainem.
Tél. : 02/721.24.71.
(Ouverture : tous les jours, de 10 h à 12 h 30 et de 14 h à 18 h 30 et dimanche de 10 h à 13 h).
Deuxième magasin : place Witchers, 75M, avenue Louise, 1050 Bruxelles.
(Ouverture : du lundi au samedi, de 10 h à 18 h 30).
Troisième magasin, 39, place du Grand-Sablon, 1000 Bruxelles. Tél. : 02/514.12.06.
(Ouverture du mardi au dimanche de 10 h à 19 h).
Succursale à Luxembourg : 137, avenue du X-Septembre. Tél. : 352.45.29.60.

"Le chocolat est à mes yeux une des matières les plus nobles qui soit. Mais la qualité ne peut s'atteindre que par la rencontre de la générosité de la terre et du talent de l'homme... et c'est là qu'intervient l'artisan. J'ai la chance d'exercer une profession qui donne du plaisir aux gens... Rien n'est jamais acquis dans ce métier où chaque jour le chocolatier se doit de trouver le juste équilibre entre le mélange des saveurs et la recherche du bon goût."
Pierre Marcolini

Historique

Pierre Marcolini crée en 1992 à Kraainem la Sugar Design School, destinée à l'enseignement de la décoration pâtissière en sucre. En août 1994, il s'installe avenue Reine-Astrid à Kraainem et ouvre avec sa femme, Nicolette Regout, une boutique jouxtant les ateliers.

Visite

Le magasin est installé au milieu d'un quartier résidentiel. La clientèle est donc composée de connaisseurs. On peut voir, derrière une baie vitrée, une partie des ateliers en fonctionnement. Sur les étagères, derrière le très long comptoir, on expose aussi d'autres produits haut de gamme, des confitures par exemple. Une variété importante de pralines est exposée. Les vendeuses munies de gants confectionnent le ballotin selon vos goûts, un ballotin fabriqué en carton ondulé ou tout un choix de boites originales, style qui tranche résolument avec les emballages classiques.

MARCOLINI
Pierre Marcolini
Pierre Marcolini

Produits

Pierre Marcolini a créé 70 sortes de pralines différentes. Des pralinés aux goûts aussi divers que thé, cannelle et violette. Il choisit un chocolat de couverture pas trop gras, long en bouche, à la finesse retenue par le palais, structuré, charpenté et rond pour trouver le goût juste, comme on fait pour un bon vin. Il s'est surtout spécialisé dans le travail du chocolat amer. Il utilise avec finesse toute la diversité des fèves de provenances diverses. Et cela vaut le détour ! Il y a un petit pourcentage de pralines à la liqueur, dont la meilleure nous semble la ganache avec un raisin au rhum. Notons que les pralines sont petites et moyennes, ce qui les rend très agréables à consommer. Prix : 1400 F/kg. Pierre Marcolini est connu grâce au gâteau avec lequel il remporta la Coupe du monde de pâtisserie à Lyon en 1995 et qui est composé d'une crème brûlée à l'orange et d'une mousse au chocolat noir amer. Certainement l'un de nos meilleurs artisans. De plus, régulièrement les Marcolini proposent à leur clientèle des soirées à thème avec dégustation (par exemple le chocolat, le vin, et les épices, etc.) Une autre façon de satisfaire la curiosité d'un public gourmet.

Mary

73, rue Royale, 1000 Bruxelles.
Tél. : 02/217.45.00. (Ouverture : tous les jours, sauf dimanche et lundi, de 9 h à 18 h).

" Nous faisons ce métier par passion !"
Madame Lamberty

Historique

La boutique a été fondée en 1919 par Mlle Mary Delluc. Elle y proposait des "bonbons au chocolat" d'après un livre de recettes d'avant 1900. La reine Élisabeth lui accorda son titre officiel de Fournisseur de la cour. Pour des raisons d'urbanisme, Monsieur et Madame Lamberty, les actuels propriétaires, ont dû déménager récemment au 73 de la même rue Royale. On se rappelle les années d'avant-guerre où pas moins de dix vendeuses s'affairaient derrière les comptoirs dorés pour servir les ambassadeurs et autres présidents des États-Unis, de passage à Bruxelles.

Visite

La décoration du magasin suggère la grande tradition "Mary". On peut admirer des boîtes en bois sculpté destinées aux communions et aux baptêmes. Elles sont décorées d'une reproduction de peinture à la main qui date du début du siècle.

Produits

La gamme se compose de plus de 70 fourrages différents travaillés en moules traditionnels. Le

"Mary", praliné avec une petite brisure de nougatine et le nom inscrit en doré, existe depuis dix ans. La mousse au chocolat amer est à recommander. Le ballotin de 150 g de caraques (99,7 % de cacao) se vend 202 F.

Mireille

"Chocolatier de la Gileppe"
14, rue Hauglustaine, 4834 Limbourg-Goé.
Tél. : 087/76.23.68. (Ouverture : du lundi au vendredi de 8 h à 17 h).

"Je suis née pratiquement dans ce métier. Le plaisir de créer des gâteries que les amateurs de chocolat dégustent et apprécient nous plaît énormément..."
Mireille Werts

Historique

La fabrication des pralines a débuté en 1966 avec Madame Berthe Darimont, mère de Mireille Werts, la gérante actuelle, qui s'en occupe avec son époux Claude Carpentier. Points de vente : Les Délices de Mireille à Verviers, Le Chocolat Gourmand à Liège, La Marquisette à Grâce-Hollogne, La Pralinette à La Calamine, La Gourmandine à Welkenraedt et le Palais de la Praline à Aubel, ainsi que de nombreuses boulangeries et pâtisseries de la région liégeoise.

Visite

La visite s'est faite aux Délice de Mireille, un point de vente situé dans le "Nouveau-Bazar" de Verviers (Tél. : 087/31.66.17). La marque est visible et attire l'attention. Le comptoir propose un bon choix. Le prix est annoncé. Le ballotin est de couleur jaune.

Produits

Les spécialités : la truffe au champagne, la praline "Prestige" (praliné, crème fraîche nature et noisettes), les liqueurs, 20 sortes d'œufs fourrés, la "Farodine" (massepain à l'arôme orange-amande), la "Paola" (crème au beurre, moka, amande), la truffe au whisky... Mireille propose aussi des pâtes à tartiner, des bâtons et des chocolats creux.

Mondose

2, Postweg, 1602 Vlezenbeek.
Tél. : 02/568.22.11.

Historique

En 1978, les frères Jean-Jacques et Claude Poncelet reprennent la direction de Neuhaus et y intègrent la marque Mondose. Aujourd'hui, Neuhaus-Mondose, qui fait partie du groupe Artal, produit annuellement 2 000 t de pralines, exportées dans 36 pays.

Visite

Elle se fait dans la boutique "Le chocolatier", 80, rue du Progrès (CCN) à 1030 Bruxelles. (Tél. : 02/ 203.28.49. Ouverture de 7 h 30 à 18 h). Le chocolatier semble bien connaître les pralines artisanales qu'il vend. Le magasin est ouvert et moderne. Dans un cadre attirant, on vous composera un ballotin au choix. Le ballotin est de couleur beige et bordeaux.

Produits

La gamme de pralines est habituelle : du manon au mendiant. La qualité générale est bonne. Mondose produit des pralines, des tablettes et des bâtons chocolatés, mais aussi toute une série de produits en chocolat saisonniers : petits œufs de Pâques fourrés, grands œufs garnis, sabots de Noël, voire grands saints Nicolas, ou encore différents décors qui sont autant de merveilles accompagnant nos fêtes (Noël, Saint-Valentin, Pâques...). Prix approximatif : 850 F/kg.

Neuhaus

2, Postweg, 1602 Vlezenbeek. Tél. : 02/568.22.11.

"Installez-vous dans un lieu clair et calme, détendez-vous. Déposez délicatement votre praline en bouche, laissez-la fondre quelques instants. Croquez trois ou quatre fois, découvrez les saveurs délicates du mélange de l'intérieur et de la couverture. Jugez la longueur en bouche et éveillez les sens que seule l'expérience vous permettra d'enrichir."

Jean Neuhaus

Historique

La firme Neuhaus est une des plus anciennes du pays. Jean Neuhaus est, de plus, l'inventeur de la "praline" en 1912 et du "ballotin", avec sa femme Louise Agostini, en 1915. Son gendre, Adelson De Gavre, dirige la maison dès 1923. Après diverses reprises à la fin des année '70, Neuhaus s'occupe aussi de Mondose et de Corné Port-Royal. La société est majoritaire en 1989 dans la société "Jeff de Bruges" à Paris. Neuhaus produit 2000 t par an et exporte dans 36 pays. En Belgique, Neuhaus se vend dans 52 magasins (dont une douzaine lui sont propres), dans 100 points de vente en pâtisserie et dans 400 magasins en Allemagne, 200 aux États-Unis et 72 au Japon.

Visite

Elle s'est faite dans la boutique située 35, rue Archimède, 1040 Bruxelles (ouverture : du lundi au vendredi, de 9 h à 18 h 30, et samedi, de 9 h à 13 h). Le magasin est superbe, agréable et décoré à la Neuhaus. Des ballotins tout prêts sont gardés derrière le comptoir. L'usage du gant est de rigueur. Les prix sont bien affichés. Le nom des pralines est indiqué devant chaque référence. Le ballotin est bicolore (vert et or). Il est devenu légendaire, ainsi que le "N" de Neuhaus, en usage depuis la création de la société.

Produits

Neuhaus compte plus de 70 pralines différentes dans son assortiment. Il existe des collections : "Opéra", "Bruxelles" (un seul type de chocolat dans des petites boîtes), "Boîtes en fer"... À l'ouverture du ballotin, les pralines moulées côtoient

NEUHAUS

les enrobées dans une jolie disposition. Certaines, plus belles encore, sont présentées en cuvettes en papier. Leur poids peut varier de 9 à 15 g. Nous avons un faible pour les "Tentation", pralines entièrement faites à la main : nougatine, crème fraîche, café, et pour le "Bonbon 13" : ganache d'amandes aromatisée au rhum.

Nihoul

192, chaussée de Vleurgat, 1050 Bruxelles.
Tél. : 02/626.90.30.

Historique

C'est en 1896 que Louis Nihoul fonde rue Neuve une pâtisserie. En 1910, il installe avenue Louise ce qui est devient bien vite une entreprise familiale. Il est secondé par son fils Léon et rejoint plus tard par son petit-fils Christian Nihoul qu'il initie au jeu des émulsions. Baigné dans les douces odeurs de la chocolaterie, fasciné depuis sa plus tendre enfance par la magie et le parfum des matières, inspiré par les arts graphiques, Christian Nihoul s'est construit comme l'un des dignes ambassadeurs du chocolat belge, puisqu'il le défend souvent lors de festivals gastronomiques (N.Y, Moscou, Beyrouth), d'émissions télévisées ou de conférences. Il a réalisé lors de grandes occasions des gâteaux demeurés célèbres. En mai 1997, il fonde Gourmand Gaillard, une nouvelle maison à son image, à quelques mètres de l'avenue Louise, qui ferme ses portes en juillet 97.

Visite

Dans un cadre de bois blond, Gourmand Gaillard démarre dès l'aube avec ses petits déjeuners, son lunch conçu autour de suggestions de saison, les pâtisseries qui ont rendu célèbre Christian Nihoul, dont il renouvelle passionnément les variations, et ses fameux chocolats de création. Avec une carte de vins qui met judicieusement en valeur quelques vignerons de la nouvelle génération, on y prévoit des soirées de dégustation de chocolats, vins et porto et l'on repart souvent de ce généreux endroit avec un charmant petit ballotin à la main.

Produits

Sans cesse en recherche, les nouvelles pralines de Christian Nihoul sont plus petites qu'auparavant. Il vient aussi d'introduire dans ses fourrages de nouveaux parfums, comme le gingembre. Mais il propose toujours pour les puristes une ganache au chocolat amer, et sa gamme classique pour la clientèle fidèle qui l'a suivi. Prix : 1250 F/kg.

Passion Chocolat

197, rue Père-E.-Devroye, 1150 Bruxelles.
Tél. et Fax : 02/772.47.10.
(Ouverture du mardi au jeudi de 10 h à 15 h et de 17 h à 19 h. Vendredi jusqu'à 20 h. Samedi non-stop de 10 h à 18 h).

" Merci à toi, amie Praline, pour le bien-être que tu m'apportes. Pendant des années, tu as partagé mes joies et mes peines. Ta présence toujours fidèle et dis-

crète sur un coin de meuble, une table de nuit ou un bureau, me redonnait à chaque bouchée, ce petit coup de fouet si précieux. Ton "petit plus qui fait toute la différence" m'accompagne aujourd'hui dans cette folle envie qui m'a prise de prendre le large et changer de cap... Nos destinées semblent liées pour la vie et je m'en réjouis." Claire Macq

Historique

Encore une belle histoire de passion : Claire Macq, secrétaire, est passionnée de chocolat. Elle poursuit le rêve de devenir chocolatière en suivant une formation au CERIA. En décembre 1996, elle ouvre une boutique dans le salon de sa propre maison et installe ses ateliers dans le sous-sol.

Visite

Une petite maison coquette, située près du collège Saint-Michel, abrite donc cette "passion" du chocolat. Sur la façade jaune et vert pousse une glycine... À l'intérieur Claire Macq expose et détaille avec chaleur et compétence ses créations. Le ballotin de pralines artisanales est parfait : c'est un coffret de teinte bordeaux fermé par un ruban, de la paille et des fleurs qui lui donnent un aspect rustique très agréable. À l'intérieur, une note indique la date d'emballage des produits, leur composition et la manière de les conserver. La perfection !

Produits

Les ballotins de pralines peuvent être proposés "mini" (de 55 à 110 F) ou jusqu'à 1 kg (850 F). On trouve aussi des pâtes de fruits (orange, poire, cassis, framboise, passion et citron) et des tablettes de chocolat comprenant 72 % de cacao (750 F/kg). Plus originaux encore sont ces deux produits : une série de reproductions du bas-relief du temple de Khajuraho, en Inde, et qui illustre... les poses du Kama-sutra (295 F) et le "message en chocolat" sur un support en gianduja à 30 F la lettre. Quand l'imagination et le talent se rejoignent...!

(Pâtisserie) Pierre-Alain

10, Grand-Place, 7700 Mouscron.
Tél. : 056/34.80.24. Fax : 056/34.08.18.
(Ouverture : du mardi au dimanche de 7 h à 20 h).
Autres adresses : Pâtisserie DAL, 6, rue du Gaz, 7700 Mouscron. Pâtisserie Pierre-Alain, 10, rue d'Audenaerde, 7730 Estaimpuis.

"Le chocolat tel le vin est un produit noble qui se déguste dans un état d'esprit associant la chaleur de vivre et le bien-être du corps. " Pierre-Alain

Historique

La maison est fondée en 1965 par Francis Gabriels. Son fils, Pierre-Alain, a suivi comme lui des stages de perfectionnement dans une chocolaterie de Locle en Suisse. La chocolaterie Dalandière s'est distinguée par la création de quelques produits originaux et inédits.

Visite

De style normand entièrement rénové, le magasin principal se trouve au centre de la Grand-Place de la cité des Hurlus. L'accueil légendaire de la région picarde frontalière est évidemment présent, tant à la pâtisserie qu'au salon de dégustation.

Produits

En 1970, la maison crée le "Hurlu" en chocolat, symbole frondeur de la ville, sculpté par un artiste suisse. L'article moulé est proposé en caraque et en fourré praliné. En 1980, naît le "Pavé" moulé en praliné noir, lait et blanc, représentant cette fois les fameux pavés du Nord. Enfin, récemment, c'est une "Frite" en chocolat qui est brevetée et commercialisée. Elle se présente, bien sûr, dans un cornet ! Ce chocolat très original a été retenu pour un concours organisé par le Conseil régional du Nord à Lille. On trouve aussi un assortiment de pralines (comprenant d'excellents mendiants) présentées dans un ballotin blanc, enveloppé d'un papier jaune à fleurs et fermé d'un ruban écossais et d'un petit bouquet du plus bel effet ! Prix : 800 F/kg.

Sweertvaegher

17, Korte Steenstraat, 8500 Kortrijk.
Tél. : 056/22.23.49.

Historique

La chocolaterie Sweertvaegher a été fondée en 1933 à Ypres. Monsieur Sweertvaegher s'étant retiré des affaires peu après le cinquantenaire de la firme, le directeur actuel est Jan Verougstraete. Succursales : Ieper : 3, Neermarkt; Brugge : 29, Philipstockstraat; Antwerpen : 16, Schuttershofstraat, et Gent : 27, Mageleinstraat.

Visite

Elle s'est faite au magasin du 16, Schuttershofstraat, 2000 Antwerpen (Tél. : 03/226.36.91. Ouverture : en semaine, de 9 h 30 à 18 h 30, et dimanche, de 10 h à 14 h). Le magasin, climatisé, est dépouillé et très clair. Les pralines sont disposées dans des corbeilles en rotin du plus bel effet. Les prix sont clairement affichés sur le comptoir, mais aucune étiquette n'indique le contenu des pralines.

Produits

Bel équilibre entre les pralines moulées, les enrobées et celles dressées à la main. Pas de chocolat blanc. Le massepain au bon goût d'amande est un peu trop sucré. La praline très plate aux armes de la maison et fourrée au praliné est un délice ! Prix : 880 F/kg.

Ten Ryen

Ten Ryen sprl.
86, place Eugène-Keym, 1170 Bruxelles.
Tél.: 02/675.35.82.
(Ouverture: de 10 h à 19 h, sauf dimanche).

"Il faut confirmer tous les jours notre capacité à répondre aux exigences bien compréhensibles des clients. Ne dit-on pas que le chocolat est le nectar des dieux ? D'autre part, avez-vous déjà vu une personne dégustant du chocolat avec une triste mine ?"
Michel Van Doorslaer

Historique

C'est en septembre 1994 que la boutique s'est installée dans le cœur commercial de Watermael-Boitsfort. Le nom choisi par Michel Van Doorslaer est celui d'un lieudit en Flandre, un endroit lié à sa propre histoire familiale.

Visite

La boutique aux jolies teintes et à la décoration attirante est un des fleurons de la galerie commerçante. On y trouve les pralines proposées dans un ballotin de couleur kraft sur lequel le logo bleu tranche résolument.

Produits

L'essentiel de la production est destiné à cette boutique. Pour les pralines, la maison suit les grandes tendances actuelles, comme les ganaches ou les pralinés. Mais on y crée un praliné différent des autres et ce goût particulier semble bien fidéliser la clientèle. Le patron n'a pas envie de devenir le "roi de la truffe" ou l'"empereur des manons", son ambition est de satisfaire tous les goûts: celui des amateurs de massepain comme celui des adeptes de la crème fraîche. Le client a toujours raison ! Maison à encourager. Prix : 980 F/kg.

Wittamer®

6, 12, 13, place du Grand-Sablon, 1000 Bruxelles.
Tél. : 02/512.37.42. Fax : 02/512.52.09.
E-mail : Wittamer @ Wittamer. be
(Ouverture : tous les jours de 7 h à 19 h).

"À deux pas de là, Édouard courut chez Wittamer et mangea huit petits éclairs au café. Pendant huit minutes, il crut que Dieu avait créé le monde".
Pascal Quignard, Les Escaliers de Chambord *(éd. Gallimard).*

Historique

Wittamer est entré dans l'histoire au Sablon en 1910. Henri Wittamer, arlonais d'origine autrichienne en est le fondateur. À sa mort en 1945, son fils unique Henri-Gustave et son épouse Yvonne, prennent la destinée de l'enseigne : boulangerie, pâtisserie, salons de thé sont les points de référence. Ce sont eux qui, dans les année '60, avec l'aide de leur fils Henri-Paul, sont à l'origine d'une véritable révolution culinaire : l'introduction dans la gamme de la pâtisserie traditionnelle, de la pâtisserie nouvelle. C'est Henri-Paul aussi qui, après ses études en Suisse, crée le département "chocolaterie", développement logique qui suit la demande de la clientèle. Sa sœur Myriam, le rejoint en 1980. Son rôle : les relations extérieures et les nouveaux produits. Elle innove un département traiteur (boutique, réceptions et gastronomie d'entreprise), prend en charge la confiserie qui s'agrandit et franchit les frontières (cadeaux gourmands expédiés jusqu'aux antipodes et exportation). En 1985, Wittamer précède une fois de plus les modes et change l'image de ses emballages: celle-ci est volontairement colorée, fraîche et novatrice comme les produits. En 1994, Leslie Wittamer, arrière-petite-fille du fondateur, prend en charge "Les Salons et les Terrasses du Sablon" alors que sa cousine Isabelle se spécialise dans la finance. Automne 1997, création du ballotin "Worldwide ®" pouvant être expedié par courrier spécial dans le monde entier. La saga Wittamer continue...

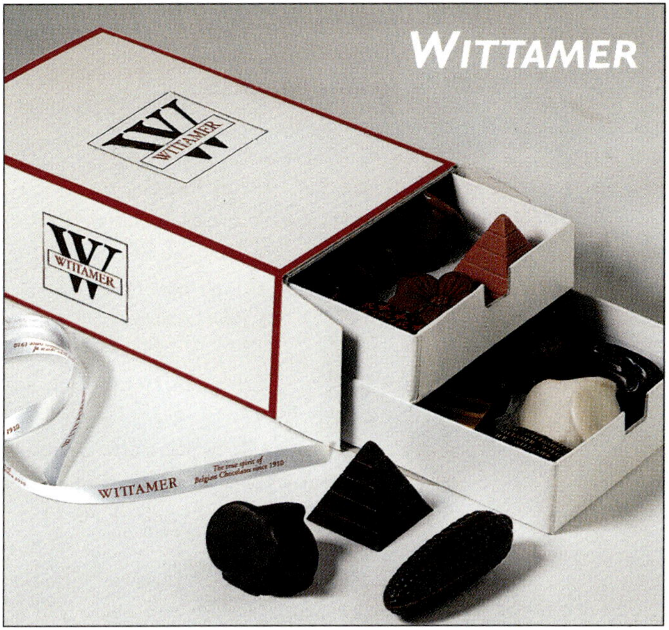

l'orange truffée de chocolat, réalisé en l'honneur du mariage de LL. AA. RR. le prince Lorenz et la princesse Astrid de Belgique;
– l'entremets "Samba" composé de deux mousses au chocolat contrastées. Ce gâteau a gagné en juin 1986 le prix Valrhona, prix décerné à un membre de la prestigieuse association internationale "Relais Desserts";
– l'entremets glacé "Bitter", parfait chocolat au lait et glace chocolat Guanaja.
– le pain au chocolat fourré d'une double tablette de chocolat amer ;
– "Le chocolat dans tout ses états", assiette de dégustation essentiellement au chocolat, servie dans les salons ;
– L'"Hospitalène", petite praline toute en rondeur qui cache une délicate crème blanche parfumée à l'hospitalène, une subtile liqueur de vin aux arômes de cannelle et d'orange ;
– le coup de cœur : l'entremets "St-Idesbald" qui fait partie de la série des gâteaux-événements d'ordre culturel que Wittamer aime à créer pour ce genre de circonstances. Celui-ci a été réalisé avec la collaboration des Musées Royaux des Beaux-Arts, en hommage à la rétrospective Paul Delvaux. Il s'agit d'un gâteau "retour à la tradition" : mousse au chocolat, biscuit léger, meringue aérienne.
En projet : celui qui célébrera la rétrospective René Magritte (printemps 98).

Visite

Les magasins sont superbes, sobres et clairs. Le marbre côtoie le bois précieux. Une partie de l'atelier est visible à l'arrière, isolée par une paroi vitrée. Derrière le comptoir principal de 3 m de long se tiennent les vendeuses en blanc, la main droite garnie d'un gant transparent. Les étiquettes indiquent les références et les prix sont bien mis en évidence.

Produits

Parmi d'autres :
– l'entremets "Astrid" composé d'une mousse à

Glace et coulis chocolat.

V. La passion du chocolat

Des recettes au chocolat.
Les accords du chocolat et du vin.
Les "coups de cœur"
de cinq critiques gastronomiques
pour le chocolat belge.

Des recettes au chocolat

La mousse au chocolat

- Ingrédients
150 g de chocolat noir.
150 g de crème fraîche.
2 œufs.

- Préparation
Faire bouillir la crème fraîche.
Ajouter le chocolat en petits morceaux.
Fouetter plus ou moins 3 minutes.
Ajouter les jaunes d'œufs.
Battre les blancs en neige et les ajouter à la préparation.

La truffe au chocolat

- Ingrédients :
200 g de beurre.
400 g de pâte à tartiner à la noisette.
250 g de chocolat noir.

- Préparation :
Pommader le beurre, y ajouter la pâte à tartiner ramollie et enfin le chocolat à 35°.
Dresser dans la forme désirée. Mettre au frigo.
Après refroidissement, tremper à la fourchette dans le chocolat fondu puis rouler dans le cacao.

Le gâteau au chocolat biscuit

- Ingrédients :
6 œufs.
170 g de sucre semoule.
180 g de farine.
30 g de cacao.
40 g de beurre.

- Préparation :
Battre les œufs et le sucre au-dessus d'une très légère flamme jusqu'à ce que la masse atteigne 40°.
Retirer du feu.
Ajouter le beurre fondu.
Ajouter la farine et le cacao tamisés.
Mélanger très délicatement. Déposer le tout dans le moule et mettre au four à 200° pendant 25 m.
Retirer et vérifier la cuisson en piquant de la pointe d'un couteau. Si la lame est propre, il est cuit.
Laisser refroidir complètement puis couvrir ce biscuit avec une ganache à 28°. Laisser refroidir.

La ganache

- Ingrédients :
500 g de chocolat noir coupé en morceaux.
500 g de crème fraîche.
150 g de glucose.

- Préparation :
Faire bouillir la crème fraîche et le glucose.
Ajouter le chocolat en morceaux et mélanger jusqu'à ce qu'il soit fondu.

La sauce au chocolat

- Ingrédients :
100 g de chocolat noir.
150 g de crème fraîche.
- Préparation :
Faire bouillir la crème fraîche et y ajouter le chocolat en morceaux.
Mélanger le temps de faire fondre le chocolat.
Servir.

La mousse au chocolat.

La glace au chocolat

- Ingrédients :
1 l de lait.
35 g de cacao en poudre.
8 œufs.
150 g de sucre.
200 g de crème fraîche.
250 g de chocolat noir.

- Préparation :
Râper finement le chocolat.
Mélanger et faire chauffer le lait avec le cacao et 50 g de sucre. Mélanger d'autre part 7 jaunes d'œufs avec 1 œuf entier et 100 g de sucre.
Fouetter jusqu'à obtenir une consistance de mousse.
Verser un peu du lait chocolaté chaud sur ce mélange mousseux, remuer, faire cuire comme une crème anglaise en remuant encore, sans faire bouillir.
Lorsque la crème nappe la cuillère, ajouter le chocolat haché et la crème.
Mélanger en fouettant.
Mettre des glaçons dans un récipient et y verser la crème au chocolat.
Fouetter jusqu'à ce qu'elle refroidisse.
Verser cette crème refroidie dans une sorbetière pour la faire prendre en glace.

Les mendiants.

Le mendiant

(Le mendiant est un assortiment de fruits secs pris dans du chocolat fondu. Son nom a comme origine la couleur des robes des quatre ordres mendiants : blanc pour les Dominicains, violet pour les Augustins, gris pour les Franciscains et brun pour les Carmes.)

- Ingrédients :
500 g de chocolat noir.
100 g de praliné (amandes et noisettes).
500 g de fruits secs : noisettes et amandes grillées, pistaches mondées, raisins secs, écorces d'orange confite.

- Préparation :
Mélanger les fruits secs.
Hacher finement le chocolat noir.
Faire fondre au bain-marie en remuant à la spatule.
Lorsque le chocolat est fondu, le mélanger au praliné jusqu'à obtenir un mélange parfait.
Verser cette matière sur une tôle et entre deux règles de fer.
Verser le mélange de fruits en les enfonçant légèrement sur le chocolat pendant qu'il est chaud.
Mettre au frigo pour durcir durant quelques minutes.
Ensuite, découper en carrés.

Le Parfait au chocolat

- Ingrédients:
125 g de chocolat noir et au lait en morceaux.
Sucre en poudre.
3 jaunes d'œufs.

20 cl de crème fraîche.
1 sachet de sucre vanillé.

- Préparation:
Faire fondre à feu doux le chocolat dans 3 cuillères d'eau, ajouter le sucre jusqu'à ce qu'il fonde.
Incorporer les 3 jaunes d'œufs et mettre à refroidir au frigo.
Prendre un saladier avec la crème fraîche, ajouter le sucré vanillé et battre jusqu'à ce que le tout soit consistant.
Verser la crème de chocolat refroidie dans le saladier et mélanger. Mettre au congélateur.
Sortir un quart d'heure avant de consommer.

La fondue au chocolat

(pour 6 personnes)
- Ingrédients:
300 g de chocolat.
25 cl de crème fraîche.
50 g de beurre.
150 g de noisettes concassées.
3 bananes.
3 poires.
3 mandarines.
6 tranches de cake.
Assortiment de fruits secs.
Lait.
Jus de citron.

- Préparation:
Préparer tous les fruits, en tranches, en morceaux.
Les arroser avec du jus de citron pour qu'ils ne noircissent pas. Les disposer dans un plat.
Mettre les noisettes concassées dans les coupes.
Faire fondre le chocolat avec 2 cuillères de lait dans un poêlon chauffé au bain-marie.
Rajouter la crème fraîche en fouettant.
Y incorporer le beurre et le sucre.
Mettre le poêlon sur le réchaud posé sur la table.
Plonger les morceaux de fruits à l'aide d'une fourchette, ensuite les rouler dans les noisettes.

Crème au chocolat

(pour 6 personnes)
- Ingrédients:
200 g de chocolat.
75 cl de lait.
6 jaunes d'œufs.
80 g de sucre.
40 g de maïzena.

- Préparation:
Verser 10 cl de lait bouillant sur le chocolat cassé en petits morceaux jusqu'à ce qu'il fonde.
Délayer la maïzena dans 10 cl de lait.
Dans un saladier, fouetter le sucre et les jaunes d'œufs jusqu'à ce que le mélange blanchisse, y incorporer la maïzena puis le lait chocolaté encore chaud.
Remettre à cuire en fouettant jusqu'à l'ébullition et la consistance de la crème.
Laisser refroidir au frigo.

Profiteroles vanille et chocolat

(pour 6 personnes)
- Ingrédients:
30 petits choux.
75 cl de glace vanille.
75 cl de sauce au chocolat chaude.
- Préparation:
Mettre la glace au frigo pour qu'elle soit consistante.

Profiteroles vanille et chocolat.

Les accords du chocolat et du vin

CHOCOLAT NOIR
Vin doux naturel évolué : porto Tawny ou vieux Banyuls.

- Chocolat noir amer :
  porto Vintage ou Maury Vintage.
- Chocolat noir fourré de ganache noire :
  vin doux naturel : Vintage très jeune, un rivesaltes récent.
- Chocolat noir fourré au thé Earl Grey :
  vieux vin rouge : bordeaux d'une quinzaine d'années ou Syrah 100 % d'une petite dizaine d'années.
- Chocolat noir fourré ganache et biscuit : vin doux naturel oxydé : rivesaltes ambré de 1989.

CHOCOLAT AU LAIT
Vins blancs moelleux : vin de paille ou xérès doux.
- Chocolat au lait fourré caramel ou praliné :
  vin blanc doux peu évolué : Traminer roumain, en vendange tardive de cinq à six ans.
- Chocolat au lait fourré ganache au thé :
  chardonnay, vin d'Australie ou des États-Unis.
- Chocolat au lait fourré biscuit croquant :
  vin rouge sec issu du cépage Syrah.
- Chocolat au lait fourré à la cannelle :
  vin de Madère.
- Chocolat au lait fourré de vanille :
  Chenin en vendange tardive du Val-de-Loire.

GÂTEAU 100 % chocolat
Malaga Virgen ou xérès Moscatel.

Un cas particulier : le gâteau au chocolat fourré d'une crème brûlée à l'orange et couvert de ganache, gâteau de l'équipe belge lors de la finale de la Coupe du monde de pâtisserie à Lyon en 1995 : vin rouge doux naturel : Maury du Mas Amiel Vintage 93. (D'après Éric Boschman)

Tenir la sauce au chaud.
Inciser les choux et les remplir de glace à la vanille, en les laissant entrouverts.
Laisser glisser du chocolat sur chacun et remplir abondamment le fond de l'assiette avec la sauce.

Soufflé au chocolat

(pour 6 personnes)
- Ingrédients:
150 g de chocolat.
6 œufs.
75 g de sucre.
Une petite cuillère de cannelle en poudre.
Sel et beurre.

- Préparation:
Faire fondre le chocolat dans un peu d'eau jusqu'à ce qu'il soit lisse. Dans un saladier mettre 4 jaunes d'œufs (conserver les 6 blancs dans un autre saladier).
Ajouter le sucre aux jaunes et les battre en mousse.
Incorporer le chocolat et la cannelle.
Mettre du sel dans les blancs et les battre en neige ferme.
Mélanger la moitié au chocolat, puis ajouter le reste sans trop mélanger, de bas en haut.
Beurrer un plat à rôtir.
Étendre le mélange dans le plat et disposer à mi-hauteur du four (préchauffé à 220°C.)
Retirer dès que le soufflé a monté et servir immédiatement.

Les “coups de cœurs” de cinq critiques gastronomiques

PAUL WILLEMS
(ANIMATEUR DE *GOURMANDISE* À LA TV-RTBF ET CRITIQUE CULINAIRE SOUS LE NOM DE “PROFITEROLE” À *LA LIBRE BELGIQUE*)

LA LIBRE BELGIQUE

Le chocolat, une passion ?
J’adore, mais ce n’est pas une passion dans le sens strict du terme. Mais j’adore, car on peut l’utiliser pour peaufiner boissons, desserts et plats cuisinés. J’adore surtout pour son goût qui appartient – si l’on ne change pas la loi – aux quelques produits qui relèvent encore de ce que nous appelons aujourd’hui “le goût vrai”. Au XVIIe siècle, Carl von Linné classe le cacaoyer dans la “XVIIIe polyadelphie de Candire”, sous le genre théobroma, c’est-à-dire nourriture divine. La théobromine, extraite du cacao, est une base azotée, un alcaloïde analogue à la caféïne, analeptique cardiovasculaire par ses propriétés diurétiques. Ce qui explique le phénomène d’accoutumance que peuvent percevoir certains passionnés de chocolat…

Un souvenir lié au chocolat ?
C’était en septembre 1940. J’avais 12 ans. Les cours avaient repris et il y avait encore des bâtons de chocolat dans les petits magasins près de l’Athénée. C’était du “Jacques” et on se les disputait entre copains, parce que c’était bon, doux, fondant et enveloppant, mais aussi parce qu’il y avait dans l’emballage une photo. Rapidement, il n’y a plus eu de chocolat. J’ai oublié le thème des photos, mais pas celui du chocolat…

Un bâton de chocolat préféré ?
Le 60 % pur cacao fondant et amer. Pour le “goût vrai”, bien évidemment. Dans l’ordre : Callebaut, Galler et Delhaize.

Les trois pralines conseillées ?
Parmi de nombreuses autres :
1. La “Pralinone” de Wittamer : couverture chocolat au lait, crème pralinée aux brisures de noisettes.
2. La truffe noire classique de Wittamer : chocolat noir subtilement peaufiné au chocolat au lait.
3. L’“Hospitalène” de Wittamer : léger enrobage de chocolat noir au parfum de l’Hospitalène, vin muté rouge de Provence.

PIETER VAN DOVEREN
(JOURNALISTE CULINAIRE À *KNACK WEEK END/TRENDS*)

Le chocolat, une passion ?
À chacun son plaisir. L’amour du chocolat n’est pas héréditaire. On tombe amoureux du chocolat. Et alors le désir du chocolat devient une jouissance qu’on attend. Cette forme de dépendance affective est agréable et inoffensive. Inutile de culpabiliser quand on mange du chocolat. La culpabilité a des effets négatifs sur cet apport positif que le plaisir

représente pour la santé. Se gâter avec du chocolat diminue le stress et aide l'homme à se détendre. L'effet bénéfique de la jouissance et du plaisir est sous-estimé (aussi bien dans la société que dans les sciences). Le chocolat ne fait pas grossir. Le chocolat se digère vite (30 minutes), il contient de la théobromine, un vrai tonique, et libère les endorphines qui provoquent un sentiment de bien-être. Parce que nous ne vivons vraisemblablement qu'une fois, ce sont assez de raisons pour manger quotidiennement et modérément du chocolat !

Un souvenir lié au chocolat ?

La dépendance affective est un plaisir qui naît pendant l'enfance. À la maison, dans l'armoire près de la cuisinière se trouve une théière chinoise en terre cuite. Cette théière est celle dont se servait ma mère pour faire le chocolat chaud, dont elle gâtait ses enfants à des moments privilégiés. La poudre de cacao pur, le sucre et le lait entier bouillant formaient un breuvage chocolaté qui nous réchauffait le cœur et qui créait le bonheur familial. Ce chocolat chaud a eu comme conséquence de nous attacher pour la vie au chocolat.

Un bâton de chocolat préféré ?

Du chocolat chaud au morceau de chocolat, il n'y a qu'un pas pour l'enfant. Le bâton de chocolat : le plaisir ultime chocolaté. Le bâton semble énorme dans la main de l'enfant. Plus on vieillit, plus les bâtons diminuent et plus le plaisir raccourcit. Ou n'est-ce qu'une impression ?

Les trois pralines conseillées ?

Ma préférence va aux goûts naturels. Nos papilles perçoivent le sucre, l'acidité, le sel et l'amertume. Mais il y a plus : la sensation buccale est divisée en rigidité et souplesse. Rigide comme la sensation du thé fort, du vinaigre et du pain complet. Souple comme la crème fraîche, le sucre et tous les produits raffinés. Les pralines qui réunissent ces deux sensations sont mes préférées. Le plaisir peut aussi être augmenté en combinant les éléments mous et craquants. Les pralines recouvertes et fourrées de ganache gardent le plus longtemps le goût en bouche. Plus le taux de cacao est élevé, plus la ganache est amère et plus intense sera la sensation de persistance du goût sur la langue. La praline avec sa ganache couverte de chocolat peut être surprenante par son parfum inattendu de cannelle, de réglisse, de gingembre ou de bergamote. Ce sont les "grands crus" des chocolatiers comme Wittamer, Pierre Marcolini De Baere (à Bruxelles) et Del Rey (Anvers). Ces pralines au caractère exquis et aux arômes capiteux sont réservées à des moments spéciaux. On ne peut les manger qu'en petites quantités car le point de saturation est vite atteint... Ce chocolat artisanal pour terminer un repas comble toutes nos envies gastronomiques, tel un verre de porto. On peut ainsi se souvenir, heureux et repu, de ce qu'on a mangé et profiter des moments privilégiés qui suivent...

JO GRYN, DIT CHAMBERTIN
(RÉDACTEUR EN CHEF
GAULT-MILLAU *BELGIQUE* ET
CHRONIQUEUR GASTRONOMIQUE
AU QUOTIDIEN *LE SOIR*)

Le chocolat, une passion ?

On en rêve dès qu'on est bambin, qu'on est en âge de le boire, de le lécher, de le croquer, puis de le chaparder dans les armoires où les parents le cachent. On se relève la nuit pour s'en délecter, comme une fringale de femme enceinte. On croit avoir passé l'âge de le savourer, on le retrouve fidèle au rendez-vous sur l'oreiller des grands hôtels, on devient fou devant la diversité des variétés mises au point par nos chocolatiers et pralineurs. Comme ces morceaux de sparadrap qui collent aux doigts de Stan Laurel, on ne s'en débarrasse pas. Il existe toujours quelqu'un de bien intentionné pour vous offrir un ballotin plein de pralines. C'est la délicate heure du choix, où les parents ont la chance de pouvoir se garder de la gourmandise des enfants qui négligent les pralines à l'alcool... Plus tard, au restaurant, le chocolat, seule véritable matière gastronomique de couleur noire, envahit les assiettes en fin de repas. Il est le caviar des desserts, celui dont on ne se lasse pas.

Un souvenir lié au chocolat ?

Les souvenirs d'enfance sont de deux ordres. D'abord le granulé que j'adorais semer sur une tartine bien beurrée pour qu'il se colle bien au pain, qu'on n'en perde pas un seul grain en le portant à la bouche. L'autre souvenir vient des collections de chromos qu'on trouvait dans le chocolat Jacques. Comment donc se procurait-on ensuite les albums ? Diable, je ne m'en souviens pas ! Puis, pour quelles raisons un jour ai-je quitté les images de Jacques pour les points Artis de Côte d'Or ? J'ai oublié. Si la consommation de chocolat est excellente pour la mémoire, je ne dois pas en avoir consommé assez quand j'étais gamin ! Oui, mais c'était tout de même un luxe qu'on ne s'offrait pas tous les jours...

Un bâton de chocolat préféré ? Les trois pralines conseillées ?

... De cette frustration de l'enfance, j'ai gardé, je pense, un amour immodéré pour le chocolat, tous bâtons et pralines confondus !

SAÂD KETTANI
(CHRONIQUEUR GASTRONOMIQUE DE LA REVUE *NATURE ET ÉVASION*)

Le chocolat, une passion ?

Le chocolat, une passion ? Pas du tout !... Un véritable vice ! Blanc, au lait, fourré, fondant... Pour tous les palais et tous les moments de la journée. Et cet amour ne s'explique pas. Pourtant, le bon chocolat – à l'instar d'un vin fin – se mérite. Un noir 70 % pur, comparé à un chocolat au lait, trop gras et trop sucré, pourrait s'apparenter à un Madiran de noble fût comparé à un Rosé d'Anjou. L'image est un tantinet provocatrice... mais les connaisseurs comprendront. Ce qui est facile n'est pas forcément meilleur !

Un souvenir lié au chocolat ?

Aussi loin que remonte ma mémoire, l'un de mes souvenirs gourmands les plus émouvants est lié au chocolat. Un bâton de (bon) chocolat noir simplement glissé dans un morceau de (bon) pain que je dégustais au goûter durant mes vacances d'été. Délicieuse amertume...

Un bâton de chocolat préféré ?
Pour moi le chocolat "passion" tient surtout au fondant. Un chocolat brut et sans artifice. À croquer sur le pouce. Le Côte d'Or noir répond à ce que j'attends d'un chocolat. Pour des plaisirs plus subtils, je me rabats plutôt sur un chocolat de couche artisanal que je débite à coups de hachoir... (je trouve que le chocolat en éclats a quelque chose d'agréablement sauvage et d'authentique) et que j'accompagne d'un Maury (du Mas Amiel de préférence).

Les trois pralines conseillées ?
Je ne suis pas très praline ! Pourtant mon penchant pour les goûts baroques me porte vers des alliages de saveurs quelquefois étranges. J'adore l'union sacrée de l'orange et du chocolat que l'on retrouve dans les orangettes.

Autre coup de cœur: les ganaches au citron ou au thé Earl Grey (du chocolatier Mont Royal à Uccle, par exemple). Ces pralines de chocolat noir (amer à souhait) sont fourrées d'une crème délicieusement onctueuse.

MARIE-JO DENISTY
(RUBRIQUE CUISINE DANS
FEMMES D'AUJOURD'HUI).

Le chocolat, une passion ?
Si le monde nous semble triste sans l'odeur des confitures (dixit Georges Duhamel), il le serait plus encore sans celle du chocolat... Peut-on imaginer des fêtes sans chocolat ? Pâques sans œufs à croquer ? Noël sans pralines ? Quand un festin se prépare, il embaume la maison, car sans lui, il n'est pas de desserts dignes de ce nom. Ils ont pour noms profiteroles, merveilleux, marquises, javanais, éclairs, mousses... et font briller les yeux des convives comblés. Le premier gâteau que toutes les petites filles rêvent de faire est toujours un gâteau au chocolat.

Un souvenir lié au chocolat ?
Le chocolat est resté pendant ma petite enfance un aliment mythique et inconnu, on en parlait, on en avait mangé "avant". C'était pendant la dernière guerre. Et je l'ai donc découvert à la Libération. Comme tous les enfants d'alors, j'en ai peut-être consommé au début sans modération...

Un bâton de chocolat préféré ?
J'aime croquer des bâtons de chocolat aux noisettes entières. Le moelleux du chocolat, le craquant des noisettes forment un tout harmonieux et équilibré. Mais un chocolat très noir et très amer est toujours bienvenu avec le petit expresso du midi.

Les trois pralines conseillées ?
Mes pralines préférées ? Les "Bonaparte" de Neuhaus, dont la forme rappelle vaguement le célèbre chapeau, au délicieux parfum de café, les "Astrid" givrées de sucre qui fondent sous la langue quand le voile de sucre a craqué du même chocolatier, et les "orangettes", où le mariage écorce d'oranges confites/ chocolat noir est très réussi.

Et puisque tout finit

Bien sûr, il y eut Footit et Chocolat, les deux clowns de la fin du siècle dernier; il y a Raymond Devos au music-hall qui parle d'une douzaine d'éclairs au chocolat dans Le Mille-Feuille. *Quelques films également font allusion au chocolat, dans des sens parfois différents, comme* Pain et chocolat, *film italien de 1973 ou* Chocolat *avec Isaac de Bankolé, film français de 1988, ou plus récemment* Fraise et chocolat... *Mais c'est dans la chanson qu'on en parle le plus souvent.*

En 1952, Charles Trenet rendait indirectement hommage à la confiserie pharmaceutique de Neuhaus en chantant, au retour du Québec, Dans les pharmacies, *dont le début est : "Dans les pharmacies, dans les pharmacies/On vend du nougat et du chocolat..."*

L'année suivante, Annie Cordy (qui y reviendra en 1985 avec Chokakao) *rend hommage aux vendeuses-ouvreuses de cinéma ainsi qu'à leur légendaire panier de l'entracte, dans la chanson du film* Boum sur Paris *: "Bonbons, caramels..." que des salles entières reprenaient à sa suite : "... esquimaux, chocolats..."*

Dans le même ordre d'idée, François Chalais raconta des souvenirs rassemblés sous le titre Les Chocolats de l'entracte, *et le talentueux critique cinématographique du quotidien* Le Soir, *Luc Honorez, imagine dans* L'Ouvreuse aux bas de soie, *un "meurtre au chocolat glacé" digne du marquis de Sade !*

Dans les années '60, Joe Dassin chante Le petit pain au chocolat. *Bobby Lapointe commence en 1966 sa plus*

par des chansons...

célèbre chanson, Aragon et Castille, *par ces mots: "Moi j'aime mieux les glaces au chocolat..."*

Pierre Perret y fait allusion – sachant qu'il fut découvert au Mexique – dans Tonton Cristobal *(1967) : "Le matin après le chocolat on chique/Et on crache à six pas comme au Mexique..."*

En 1974, puisqu'il raconte l'enfance, il est normal que le mot apparaisse dans Dix ans *d'Alain Souchon: "Le mercredi je m'balade/ Une paille dans ma limonade/Je vais embêter les quilles à la vanille/Et les gars en chocolat..."*

En 1980, Salvatore Adamo *publie un recueil de poèmes,* Le Charmeur d'océans, *dans lequel* Jemappes sur hier *évoque une anecdote de son enfance : "Et la resquille au ciné/et le chocolat volé/pour épater les copains/et que j'ai ramené le lendemain/à l'insu de l'épicière/ qui n'en demandait pas tant..."*

Sur une mélodie du XVIIIe *siècle, on trouve une berceuse traditionnelle écrite au siècle suivant, et sans doute toujours chantée aujourd'hui:* Fais dodo *: "Fais dodo, Colas mon p'tit frère/ Fais dodo, t'auras du lolo/Maman est en haut/Qui fait du gâteau/ Papa est en bas/Fait du chocolat..."*

Terminer ce guide par une berceuse me semble un symbole et une façon idéale de rappeler que le chocolat réveille la part d'enfance en nous, en ravivant les sensations et l'innocence du plaisir...

Glossaire

Alcaloïde : composé organique azoté et basique tiré d'un végétal. Exemple : la morphine, la quinine, etc.

Ambré : qui a le parfum, ou la couleur, de l'ambre gris (concrétion intestinale fournie par le cachalot).

Brisure : fragment cassé.

Broyage : action de broyer, d'écraser en petits morceaux par pression ou par choc.

Candy-bar : nom générique anglais de la barre chocolatée et fourrée (comme le "Mars").

Cantharide : insecte coléoptère vert doré, long de 2 cm, fréquent sur les frênes. En poudre, il est utilisée dans la préparation d'aphrodisiaques.

Cerisette : cerise séchée.

Cerneau : la noix, avant sa complète maturité, la noix épluchée.

Chantilly (ou crème Chantilly, ou crème fouettée) : crème fraîche fortement émulsionnée.

Concassage : action de broyer, de hacher ou de diviser en fragments plus ou moins gros.

Conchage : action de rendre plus fluide la pâte de cacao en y ajoutant du beurre de cacao.

Copeau : parcelle enlevée par un instrument tranchant.

Cuvette : chocolat solide en forme de petit récipient, base de la praline. Elle est destinée à recevoir une autre matière, comme du massepain.

Dresser : rendre uni, aplanir.

Duty free : locution anglaise qui signifie : exempt de droits d'entrée.

Émonder : débarrasser (par exemple les amandes) de la peau.

Fourrage : nom de la garniture intérieure d'une praline.

Franchisé (magasin) : magasin qui a le droit d'exploiter une marque ou une raison sociale à certaines conditions.

Glucose : glucide de saveur sucrée contenu dans certains fruits, comme le raisin, et entrant dans la composition de presque tous les glucides.

Kirsch : eau-de-vie extraite de cerises ou de merises fermentées.

Marbre : table, établi, plan (en marbre) où l'artisan chocolatier verse le chocolat liquide pour le travailler.

Napper : recouvrir d'un liquide lié dont la consistance permet d'enrober légèrement une spatule.

Pommader (le beurre) : battre le beurre au fouet jusqu'à obtenir la consistance d'une pommade.

Snack : nom anglais pour une "bouchée", petite quantité d'aliment destinée à être consommée en coupe-faim.

Spatule : instrument (souvent de bois) en forme de petite pelle.

Tempéreuse : machine où l'on effectue l'opération délicate du tempérage du chocolat. On le chauffe à plus de 50° pour le ramener progressivement à une température un peu supérieure à 30° afin d'obtenir la fluidité nécessaire au moulage.

Torréfaction : action de griller, de rôtir des fèves (ou des grains).

Tourteau : résidu solide obtenu lors du traitement des fruits oléagineux en vue de l'extraction de l'huile.

Bibliographie

1. Histoire et divers

Bologne (Jean-Claude), *Histoire morale et culturelle de nos boissons*, éd. Laffont, 1991.

Bourrin (Jeanne) préface, *Le Livre du chocolat*, éd. Flammarion, 1995.

Boyton (Sandra), *Les Cinglés du chocolat*, éd. Hermé, 1987.

Brillat-Savarin (Anthelme), *La Physiologie du goût*, éd. Flammarion, 1973.

Coady (Chantal), *Chocolate, the food of the gods*, éd. Pavillion, 1993.

Dorchy (Henry), *Le Moule à chocolat*, Éditions de l'Amateur, 1987.

Girard (Sylvie), *Le Guide du chocolat*, éd. Messidor, 1984.

Harwich (Nikita), *L'Histoire du cacao et du chocolat*, éd. Desjonquères, 1992.

Heer (Jean), *Nestlé, 125 ans*, éd. Nestlé, 1991.

Lebey (Claude), *Le Guide des croqueurs de chocolat*, éd. Julliard, 1994.

Linxe (Robert), *La Maison du chocolat*, éd. Laffont, 1992.

Mercier (Jacques), *Le Chocolat belge*, éd. Glénat, 1989.

Moulin (Léo), *Les Liturgies de la table*, Fonds Mercator, 1990.

Norman (Jill), *Le Chocolat*, éd. Laffont, 1990.

Sairigne (Catherine de), *Le Chocolat, le thé, le café*, éd. Gallimard, 1984.

Schievelbusch (Wolfgang), *Histoire des stimulants*, éd. Le Promeneur, 1991.

Swaelen (Lutgarde), *L'Europe à table*, musée Bourwerhuis, Antwerpen, 1993.

Catalogue d'exposition CGER, Bruxelles, 1996.

Histoire des transports publics à Bruxelles, STIB.

2. Littérature

Adamo (Salvatore), *Le Charmeur d'océans*, Éditions de La Lande, 1980.

Chalais (François), *Les Chocolats de l'entracte*, éd. Stock, 1972.

Hénoumont (René), *Café liégeois*, éd. CE, 1984.

Honorez (Luc), *L'Ouvreuse aux bas de soie*, éd. Ercée, 1989.

Lodge (David), *Thérapie*, éd. Rivages, 1995.

Nothomb (Amélie), *Péplum*, éd. Albin Michel, 1996.

3. Recettes, diététique

Bernachon (Maurice), *La Passion du chocolat*, éd. Flammarion, 1985.

Damme (Jef), *Le Chocolat*, éd. Lannoo, 1993.

Desaulniers (Marcel), *Mourir de chocolat*, éd. Minerva, 1992.

Geerts (Roger), *Pralines belges*, éd. Lannoo, 1983.

Jolly (Martine), *Le Chocolat, une passion dévorante*, éd. Laffont, 1983.

Souris (Christian), *La folle histoire de la cuisine wallone*, éd. Quorum, 1995.

Vergne (Marie-Blanche), *Les Desserts au chocolat*, éd. Solar, 1992.

Index

ISBN 2-8046-0006-8
Imprimé en France par PubliPhotOffset - Pantin.
Dépôt Légal : octobre 1997.